NADAR

Quand j'étais

Photographe

Préface de Léon DAUDET

PARIS

ERNEST FLAMMARION, Éditeur, 26, rue Racine

NADAR

Quand j'étais Photographe

Préface de **LÉON DAUDET**

PARIS

ERNEST FLAMMARION, ÉDITEUR

26, RUE RACINE, PRÈS L'ODÉON

Tous droits de traduction et de reproduction réservés pour tous pays,
y compris la Suède et la Norvège.

———

Le nom de Nadar est célèbre ; il serait présomptueux et inutile d'expliquer au public, qui le sait, ce qu'il représente en franchise, esprit et pittoresque. — Ce roi des photographes ne recueillit pas seulement sur ses clichés des figures de princes, d'hommes politiques et d'artistes, pour léguer à l'avenir une collection de « silhouettes fixées » incomparables : il sut aussi, dans les intervalles de la besogne, alors que se reposait la technique, classer, ordonner en son cerveau ces instantanés fulgurants que la vie accumule chez qui l'observe, l'étudie et l'aime.

Aimer la vie, c'est le don des poètes, le don suprème, et Nadar l'eut comme personne. Ses amis, ils furent et ils sont innombrables, car de ce bon géant la sympathie émane telle que d'un bloc ardent qui jamais ne se refroidirait ; ses camarades, du plus petit au plus grand, admirent le don perpétuel qu'il fait de soi-même par le geste, la parole, l'enthousiasme. En ce lyrisme lucide, et qui colore sans altérer les événements historiques auxquels il fut mêlé, les hommes de génie, de talent, les baroques, les sublimes, les ratés qu'il fréquenta, tout cet appareil de mémoire fonctionne d'une merveilleuse ordonnance, telle qu'aucune machine ne pourrait la réaliser, par faute de savoir choisir et induire.

C'est à ce spectacle aimable et sans effort que vous convie un témoin des cinquante dernières années du siècle, témoin dont les désillusions n'ont pu épuiser la bienveillance. Parmi tous les bons laboureurs de la vie que j'ai connus, aucun, jusqu'au bout du sillon, n'a gardé la taille aussi droite, l'œil aussi clair, le cœur aussi chaud. Il est pour nous le représentant d'une génération admirable, où l'on menait sa route sans envie ni traîtrise, où la verve romantique se doublait d'une humanité large et cordiale, où l'on n'avait pas honte d'être loyal et gai.

La gaîté, on la retrouvera au long de ces pages. Elle fut, comme l'auteur nous l'a dit souvent, son *viatique*; ajoutons : l'ornement d'une âme sans taches. Nadar a vu mourir bien des hommes, il a vu s'écrouler bien des rêves, mais il a su faire une telle part à ce qu'il y a d'éternel en nous qu'il a gardé le droit de sourire.

Les pages qu'on va lire sont d'une extrême variété. Ce *Quand j'étais phothographe* fait comme une suite au *Quand j'étais étudiant*, recueil célèbre du même auteur. Daguerréotypie, premiers essais de photographie aérostatique, souvenirs du Siège et de la Commune, silhouettes de clients, de clientes, de peintres, d'écrivains, on trouve de tout dans ses souvenirs et c'est ce qui fait leur charme si vif. Mais ces tableaux épars et brillants sont reliés en faisceaux par une personnalité puissante, débordante de santé et d'entrain. Il y a, dans cette continuité de verve et d'intérêt, un bel exemple et un réconfort.

Léon DAUDET.

QUAND J'ÉTAIS PHOTOGRAPHE

BALZAC ET LE DAGUERRÉOTYPE

Quand le bruit se répandit que deux inventeurs venaient de réussir à fixer sur des plaques argentées toute image présentée devant elles, ce fut une universelle stupéfaction dont nous ne saurions nous faire aujourd'hui l'idée, accoutumés que nous sommes depuis nombre d'années à la photographie et blasés par sa vulgarisation.

Il s'en trouva qui regimbaient jusqu'à se refuser à croire. Phénomène accoutumé, car nous sommes hargneux de nature à toute chose qui déconcerte nos idées reçues et dérange notre habitude. La suspicion, l'ironie haineuse, « l'impatience de tuer », comme nous disait l'amie Sand, se dressent aussitôt. N'est-ce pas d'hier même, la protestation furibonde de ce membre de l'Institut invité à la première démonstration du phonographe? Avec quelle indi-

gnation le savant « *instituteur* » refusa de se prêter
une seconde de plus à cette « supercherie de ventri-
loque », et de quel fracas il sortit, jurant que l'impertinent mystificateur aurait affaire à lui...

« — Comment ! » me disait un jour, à sa mauvaise heure, Gustave Doré, — un esprit clair et dégagé pourtant s'il en fut ! — « comment, tu ne comprends pas la jouissance qu'on a à découvrir le
défaut de la cuirasse dans un chef-d'œuvre ? »

L'inconnu nous frappe de vertige, et nous choque-
rait comme une insolence, ainsi que le « Sublime
nous fait toujours l'effet d'une émeute » *.

L'apparition du Daguerréotype — qui plus légitimement devait s'appeler Niepcetype — ne pouvait
donc manquer de déterminer une émotion considérable. Éclatant à l'imprévu, au maximum de l'imprévu, en dehors de tout ce qui pouvait s'attendre,
déroutant tout ce qu'on croyait connaître et même
le supposable, la nouvelle découverte se présentait
assurément, comme elle reste, la plus extraordinaire
dans la pléiade des inventions qui font déjà de notre
siècle interminé le plus grand des siècles scientifiques, — à défaut d'autres vertus.

Telle y apparaît en effet la glorieuse hâte que le
foisonnement des éclosions semble se passer même
de l'incubation : l'hypothèse sort du cerveau humain tout armée, formulée, et l'induction première

---

* Ch. Baudelaire. *Curiosités esthétiques.*

devient immédiatement l'œuvre constituée. L'idée court au fait. A peine la vapeur a-t-elle réduit l'espace, que l'électricité le supprime. Pendant que Bourseul, — un Français, le premier, humble employé des Postes, — signale en vigie le téléphone et que le poète Charles Cros rêve le phonographe, Lissajoux, avec ses ondes sonores, nous fait *voir* le son qu'Ader nous transmet hors des portées et qu'Edison à jamais nous enregistre ; — Pasteur, rien qu'en regardant d'un peu près les helminthes qu'avait devinés Raspail, impose le diagnostic nouveau qui va mettre au panier nos vieux codex ; — Charcot entr'ouvre la mystérieuse porte du monde hyperphysique soupçonné par Mesmer, et toute notre criminalité séculaire s'écroule ; — Marey, qui vient de surprendre à l'oiseau le secret de l'aéronautique rationnelle par les graves, indique à l'homme dans les immensités de l'éther le nouveau domaine qui va être sien dès demain, — et, simple fait de physiologie pure, l'anesthésie s'élève, d'une aspiration comme divine, jusqu'à la miséricorde qui amnistie l'humanité de la douleur physique désormais abolie... — Et c'est cela, oui, tout cela que le bon monsieur Brunetière appelle : « la faillite de la Science... »

Nous voici bien au delà même de l'admirable bilan de Fourcroy, à l'heure suprême où le génie de la Patrie en danger *commandait les découvertes*, bien loin des Laplace et des Montgolfier, des Lavoisier, des Chappe, des Conté, de tous, — si loin que, sur cet ensemble des manifestations, des explosions presque simultanées de la Science en notre dix- neuvième siècle, sa symbolique devra, elle aussi, se transformer : — « l'Hercule antique était un homme dans toute la force de l'âge, aux muscles puissants et rebondis : l'Hercule moderne, c'est un enfant accoudé sur un levier. » *

Mais tant de prodiges nouveaux n'ont-ils pas à s'effacer devant le plus surprenant, le plus troublant de tous : celui qui semble donner enfin à l'homme le pouvoir de créer, lui aussi, à son tour, en matérialisant le spectre impalpable qui s'évanouit aussitôt aperçu sans laisser une ombre au cristal du miroir; un frisson à l'eau du bassin? L'homme ne put-il croire qu'il créait en effet lorsqu'il saisit, appréhenda, figea l'intangible, gardant la vision fugace, l'éclair, par lui gravés aujourd'hui sur l'airain le plus dur?

En somme, Niepce et son fin compère furent sages d'avoir attendu pour naître. L'Eglise se montra toujours plus que froide aux novateurs, — quand elle ne leur fut pas un peu chaude, — et la découverte de 1842 avait des allures suspectes au premier chef. Ce mystère sentait en diable le sortilège et puait le fagot : la rôtissoire céleste avait flambé pour moins.

* Louis de Lucy.

Rien n'y manquait comme inquiétant : hydroscopie, envoûtement, évocations, apparitions. La nuit, chère aux thaumaturges, régnait seule dans les sombres profondeurs de la chambre noire, lieu d'élection tout indiqué pour le Prince des Ténèbres. Il ne fallait qu'un rien vraiment pour de nos filtres faire des philtres.

Il n'est donc pas à s'étonner si tout d'abord l'admiration elle-même sembla incertaine ; elle restait inquiète, comme effarée. Il fallut du temps pour que l'Animal Universel en prît son parti et s'approchât du Monstre.

Devant le Daguerréotype, ce fut « du petit au grand », comme prononce le dicton populaire, et l'ignorant ou l'illettré n'eurent pas seuls cette hésitation défiante, comme superstitieuse. Plus d'un parmi les plus beaux esprits subit cette contagion du premier recul.

Pour n'en citer que dans les plus hauts, Balzac se sentit mal à l'aise devant le nouveau prodige : il ne se pouvait défendre d'une appréhension vague de l'opération Daguerrienne.

Il en avait trouvé son explication à lui, vaille que vaille à cette heure-là, rentrant quelque peu dans les hypothèses fantastiques à la Cardan. Je crois me bien rappeler avoir vu sa théorie particulière énoncée par lui tout au long dans un coin de l'immensité de son œuvre. Je n'ai pas loisir de l'y rechercher,

1.

mais mon souvenir se précise très nettement par
l'exposé prolixe qu'il m'en fit dans une rencontre
et qu'il me renouvela une autre fois, car il en semblait obsédé, dans le petit appartement tendu de
violet qu'il occupait à l'angle de la rue Richelieu et
du boulevard : cet immeuble, célèbre comme maison de jeu sous la Restauration, portait encore
à cette époque le nom d'hôtel Frascati.

Donc, selon Balzac, chaque corps dans la nature
se trouve composé de séries de spectres, en couches
superposées à l'infini, foliacées en pellicules infini-
tésimales, dans tous les sens où l'optique perçoit ce
corps.

L'homme à jamais ne pouvant créer, — c'est-à-
dire d'une apparition, de l'impalpable, constituer une
chose solide, ou de *rien* faire une *chose*, — chaque
opération Daguerrienne venait donc surprendre, dé-
tachait et retenait en se l'appliquant une des couches du corps objecté.

De là pour ledit corps, et à chaque opération
renouvelée, perte évidente d'un de ses spectres,
c'est-à-dire d'une part de son essence constitutive.

Y avait-il perte absolue, définitive, ou cette déper-
dition partielle se réparait-elle consécutivement
dans le mystère d'un renaissement plus ou moins
instantané de la matière spectrale? Je suppose bien
que Balzac, une fois parti, n'était pas homme à s'arrêter en si bonne route, et qu'il devait marcher jus-

qu'au bout de son hypothèse. Mais ce deuxième point ne se trouva pas abordé entre nous.

Cette terreur de Balzac devant le Daguerréotype était-elle sincère ou jouée ? Sincère, Balzac n'eût eu là que gagner à perdre, ses ampleurs abdominales et autres lui permettant de prodiguer ses « spectres » sans compter. En tout cas elle ne l'empêcha pas de poser au moins une fois pour ce Daguerréotype unique que je possédai après Gavarni et Silvy, aujourd'hui transmis à M. Spoelberg de Lovenjoul.

Prétendre qu'elle fut simulée serait délicat, sans oublier pourtant que le désir d'étonner fut très longtemps le péché courant de nos esprits d'élite. Telles originalités bien réelles, du plus franc aloi, semblent si bien jouir au plaisir de s'affubler paradoxalement devant nous qu'on a dû trouver une appellation à cette maladie du cerveau « — *la pose* — » la pose que les romantiques hanchés, poitrinaires, à l'air fatal, ont transmise parfaitement la même, d'abord sous l'allure naïve et brutale des réalistes naturalistes, puis jusqu'à la présente raideur, la tenue concrète et fermée à triple tour de nos décadents actuels, idiographes et nombrilistes, — des pointus plus ennuyeux à eux seuls que tous les autres ensemble, gage éternel de l'impérissabilité de Cathos et Madelon.

Quoi qu'il en fût, Balzac n'eut pas à aller loin pour trouver deux fidèles à sa nouvelle paroisse. De ses

plus proches, Gozlan, en sa prudence, s'en était
tout de suite garé ; mais le bon Gautier et le non
moins excellent Gérard de Nerval emboîtèrent immédiatement le pas aux « Spectres ». Toute thèse
en dehors des vraisemblances ne pouvait qu'agréer
à « l'impeccable » Théo, au poète précieux et charmant, bercé dans le vague de sa somnolence orientale : l'image de l'homme est d'ailleurs proscrite
aux· pays des soleils levants. — Quant au doux
Gérard, à jamais monté sur la Chimère, il était
cueilli d'avance : pour l'initié d'Isis, l'intime de la
reine de Saba et de la duchesse de Longueville,
tout rêve arrivait en ami... — mais tout en cau-
sant spectres, l'un comme l'autre, et sans autres
façons, furent des bons premiers à passer devant
notre objectif.

Je ne saurais dire combien de temps le trio caba-
liste tint bon devant l'explication toute physique du
mystère Daguerrien, bientôt passée au domaine
banal. Il est à croire qu'il en fut de notre Sanhedrin
comme de toutes choses, et qu'après une très vive
agitation première, on finit assez vite par n'en plus
parler. Comme ils étaient venus, les « Spectres » devaient partir.

Il n'en fut d'ailleurs plus jamais question dans
aucune autre rencontre ni visite des deux amis à
mon atelier.

GAZEBON VENGÉ

Monsieur,

M. Mauclerc, artiste dramatique, de passage en notre ville, m'a fait voir ainsi qu'aux habitués de mon établissement son portrait daguerréotipé (sic) nous a-t'il dit par vous à Paris, tandis que lui était aux Eaux-Bonnes (par le procédé électrique).

Plusieurs personnes qui ignorent les progrès de l'électricité se sont refusées à ajouter foi aux affirmations de M. Mauclerc dont pour ma part je n'ai pas douté un seul instant m'étant un peu occupé de Daguerreotipe dans un temps.

Je viens donc vous prier monsieur de me tirer mon portrait d'après le même procédé et de me l'envoyer le plus promptement possible.

Recevant journellement la meilleure société et même un grand nombre d'Anglais surtout en hiver, je vous engage à appliquer tous vos soins à ce travail, ne pou-

*vant que vous être favorable, beaucoup de personnes
se proposant de vous écrire pour avoir aussi leur
portrait.*

*Je le désire tiré en couleur et s'il est possible assis
à l'une des tables de ma grande salle de billards.*

J'ai l'honneur de vous saluer.

GAZEBON,
*Propriétaire du café du Grand-Théâtre,
Grande-Place.*

Pau, le 27 août 1856.

Au dos et sur le corps de lettre, comme on faisait
avant l'usage des enveloppes, — avec les timbres de
Pau et Paris, plus le timbre impérial, postalement
oblitéré :

Monsieur NADAR,
*Artiste en daguerréotipe,
Rue Saint-Lazare, 113*
Paris.

*
*

J'avais lu et relu cette lette cocasse, — que je re-
produis ici textuelle, orthographe et ponctuation, —
admirant à l'égal la crédulité dodue de ce Gazebon
et la fourbe du perfide Mauclerc.

« *... m'étant un peu occupé de Daguerreotipe dans
un temps* » avait de quoi me laisser rêveur...

Et, dans un vague souvenir qui venait à se préciser, j'arrivais à retrouver ces deux noms du naïf cafetier de Pau et du comédien mystificateur.

Quelque deux ans auparavant j'avais reçu du même Gazebon, sous l'instigation et les auspices du même Mauclerc, — déjà cette fois « *de passage en notre ville* » — une première épître « sensationnale ».

Il s'agissait d'une atroce pendule en cuivre doré, chef-d'œuvre du mauvais goût de la Restauration : sujet, *Malek Adel sur son coursier*. Ce Malek Adel surabondant, — on ne voyait que lui à tout coin, — en était tombé à se voir refuser l'asile par les derniers brocanteurs.

Le Mauclerc « *de passage,* etc. », furetant chez le cafetier et y rencontrant ce dernier souvenir des littératures de madame Cottin, l'insidieux Mauclerc s'était exclamé, jurant à l'innocent Gazebon qu'il tenait là une pièce de premier ordre dans la haute curiosité, citée par tous les connaisseurs et dont un seul et unique autre exemplaire connu au monde existait entre mes mains. — Sur quoi il avait facilement incité sa victime choisie à m'écrire bien vite et à s'entendre avec moi — pour maintenir les prix.

Je m'étais abstenu de répondre, et cette première tentative de Mauclerc n'ayant pas été suivie d'effet en ce qui était de moi, il revenait à la charge, poussant derechef sur moi son Gazebon.

Va pour Gazebon, qui « reçoit journellement la

meilleure société et même un grand nombre d'Anglais ; » — mais moi, pourquoi cette obstination, cet
acharnement à me précisément choisir et poursuivre
comme vase d'élection, à m'imposer la complicité
de tels méfaits ? — Mauclerc, « *artiste dramatique,
de passage en notre ville,* » que me veux-tu ?

Sans me laisser toucher par une préférence si
marquée pour ma collaboration, préférence que je
veux croire flatteuse de la part de ce Mauclerc, je ne
me trouvai pas davantage cette seconde fois en goût
de lui donner la réplique.

Je laissai Mauclerc tourner tout seul à regarder
fuser son pétard et le brave Gazebon attendre son
portrait « tiré en couleur et assis *s'il est possible*
dans sa salle de billards » — au pluriel.

Mais cette dernière lettre demandait à être gardée
comme spécimen, et, tel un collectionneur pique un
papillon rare, je lui donnai place dans le carton spécial.

Il n'est pas désagréable et il est légitime, aux
derniers jours d'une carrière longue et suffisamment
remplie, d'avoir reçu et de se relire des épîtres comme
celle-là.

Seulement, qui m'eût dit que quinze ou vingt ans
après le bon Gazebon trouverait son vengeur et que...

Mais n'anticipons pas sur les événements...

*
* *

Connaissez-vous rien de meilleur que les quelques

instants de repos avant le repas du soir, après une longue journée de travail? Chassé du lit dès avant l'aube par les préoccupations de son labeur, l'homme ne s'est plus arrêté d'agir et de penser. Il a donné de lui tout ce qu'il pouvait donner, sans compter, luttant contre la fatigue de plus en plus accablante :

Je tomberai ce soir comme un bœuf assommé,

et ce n'est qu'à la baisse du jour, lorsque a sonné l'heure de la libération, l'heure de la cessation pour tous, que, la grande porte de la maison enfin close, il se fait grâce, accordant jusqu'au lendemain trêve plénière à ses membres, à son cerveau excédés.

C'est l'heure douce par excellence où, récompensé de son travail — notre grand bienfait humain — par son travail même, — et tout à lui-même enfin rendu, il s'étend longuement avec délice sur le siège d'élection, récapitulant le fruit de sa journée d'efforts...

Oui, mais notre grande porte fermée, la petite reste entr'ouverte toujours, et si notre bonne chance doit être aujourd'hui complète, il nous arrivera bien, pour quelque bonne causerie bien intime, réconfortante, où la discussion détestable ne s'aviserait jamais d'intervenir, l'un de ceux que nous aimons par-dessus tous et qui nous aiment, — un des quelques que notre pensée toujours suit comme leur pensée est avec nous toujours : accords parfaits, communions cimentées jusqu'au delà de l'heure dernière par les longues années d'affection et d'estime...

Justement m'était échu ce tantôt-là l'un des plus chers et des meilleurs, l'âme la plus haute avec l'esprit le plus alerte et le plus clair, l'un des plus brillants fleurets cités de la conversation parisienne, mon excellent Hérald de Pages — et quelle bonne bavette bien intime on était en train de tailler, oubliant loin derrière fatigues et tout le reste ! — lorsqu'on nous annonce un visiteur :

— Je n'y suis pas ! Qu'on me laisse tranquille !

— C'est que celui-là est déja venu trois fois sans vous trouver, et il vient de nous dire que, si vous ne pouviez encore le recevoir, il reviendrait. Il a absolument besoin de vous parler.

— Qui est-ce?

— Je ne sais : un tout jeune homme qui a l'air d'un ouvrier, — nu-tête et en blouse blanche.

— Laisse-le monter... intervient le bon Hérald qui a déjà flairé (— je le connais ! —) quelque peu de bien à faire...

— Aye ! ! !... — Faites monter.

*
* *

Apparaît le jeune homme en blouse blanche et tête nue.

Il commence par s'excuser s'il se présente en tenue de travail : occupé tout le jour, il n'a pu, sous peine de ne plus me rencontrer, rentrer s'habiller chez sa mère avec laquelle il demeure sur les hauteurs de Clignancourt.

Vingt ans, peut-être et au plus, le regard droit et net, le maintien réservé, modeste mais assuré. La parole remarquablement facile n'a rien de l'accent traînard des bas-fonds parisiens. Ensemble très sympathique : prototype du bon ouvrier français, intelligent, rapide, débrouillard.

Après ses excuses et remerciements, il m'a déjà exposé que malgré l'absolu besoin qu'il avait de me voir, il aurait peut-être hésité pourtant à me déranger s'il ne se trouvait déjà quelque peu avec moi en pays de connaissance : sa mère, dont il me dit et répète le petit nom, avait servi à Lyon ma mère à laquelle elle gardait le meilleur souvenir, et encore il avait travaillé pendant près de deux ans chez Léopold Leclanché, fils d'un de mes vieux amis, le traducteur des Mémoires de Cellini.

— ... celui, monsieur, que vous aviez baptisé *Farouchot* — il riait de si bon cœur en nous le racontant! — et que nous avons eu le malheur de perdre avant son fils : une bien grande perte encore, celle-ci, monsieur, pour moi et pour tous, car M. Léopold avait encore devant lui plus d'une invention peut-être plus précieuse même que sa pile électrique, et il avait la bonté de me témoigner de l'intérêt, beaucoup d'intérêt. — J'ai bien perdu en lui.

— Alors, vous êtes ouvrier électricien ?

— Oui, monsieur. J'ai toujours eu beaucoup de goût pour mon métier et tout ce qui s'y rattache physique, chimie, calcul. Je vais tous les soirs aux cours des mairies ou bien je lis les ouvrages, les comptes rendus spéciaux : c'est mon grand, mon seul plaisir. Je ne sais rien ou presque rien, mais je me tiens au courant de ce que les autres savent. Aussi je m'attache à passer par tous les ateliers où on apprend quelque chose : c'est ainsi qu'après avoir travaillé dix-huit mois dans la maison Breguet, j'ai quitté : ce n'est plus là que de la fabrication d'atelier et c'est le laboratoire qui m'attire. J'ai été employé chez monsieur Trouvé lorsqu'il s'occupait de son vélocipède électrique, rue de Valois, avec le moteur double. J'ai travaillé — je voulais tout connaître, tout voir, — chez monsieur Froment pour ses horloges, chez monsieur Marcel Deprez aux moteurs générateurs et à la transmission des forces, — une grande chose qui n'a pas dit son dernier mot, monsieur ! — ensuite avec monsieur Ader pour son téléphone...

— Ah ! vous connaissez aussi monsieur Ader ?

— Oh ! oui, monsieur ; un bien excellent homme, qui en sait long et qui en aura long à nous dire un jour ! Et avec ça, modeste, trop modeste !

— C'est vrai.

— Vous le connaissez aussi ?... — N'est-ce pas, monsieur, que je ne me trompe pas ? — Enfin, j'ai même eu la chance d'être accepté par monsieur

Caselli aux recherches de la télégraphie autographique. C'est là surtout...

— Mais'quel âge avez-vous donc?

— Hé! monsieur, je vais avoir mes vingt ans.

— Vous ne paraissez même pas cela. — Mais, voyons : vous êtes ouvrier électricien, vous êtes studieux, certainement intelligent, vous avez connu mes amis « Farouchot », mon ami Ader; vous avez été ici et là : bien ! — Mais ce n'est pas seulement cela que vous êtes venu me dire ?

Ici, un temps de silence. — Le jeune homme est hésitant, timide, embarrassé. — Enfin, par un très visible effort :

— Monsieur Nadar, je ne me permettrai pas de vous dire pour quels motifs c'est vers vous que je suis venu; pourquoi c'est vers vous, vous seul, que je devais venir — et j'y serais revenu tant que je n'aurais pu parvenir à vous approcher : je ne trouve rien de bas comme la flatterie et je ne voudrais pas vous sembler un flatteur...

Je dus, à cet endroit, froncer le sourcil et il put s'en apercevoir :

— Avant tout, monsieur, je vous supplie de ne pas me prendre pour un orgueilleux, ce que je n'ai aucune raison d'être; mais ce que je suis venu vous exposer est tellement... extraordinaire, tellement en dehors, même pour vous, de tout ce qui est reconnu admis, classé, catalogué, que je dois avant tout vous adresser une prière : celle de

2.

vouloir bien m'accorder de ne pas me juger au premier mot comme un fou ou un impudent, — de m'écouter, de m'entendre sans vous récrier...

— Allez !

— Et je dois aussi vous demander, messieurs, de ne pas me faire l'honneur de me prendre pour un inventeur. Je ne suis qu'un jeune homme, fort ignorant, et ce n'est pas du tout une découverte que j'ai la prétention de vous apporter. Ce n'est qu'une simple trouvaille, un hasard, une rencontre de laboratoire. — Vous serez du reste surpris de la simplicité, de la banalité de la chose : je parle de ma trouvaille en elle-même, au point de vue scientifique, non quant à ses conséquences. — J'y ai été tout naturellement amené par les dernières expériences publiées sur la photophonie. Je me suis dit : si les résultats obtenus par MM. Graham Bell et Summer Tainter ont établi que tous les corps peuvent rendre *le son* sous l'action de *la lumière*, pourquoi nous refuserions-nous à accepter de la lumière elle-même ce que nous offre la lumière ?

— Et?...

Ici, nouveau silence : — puis, avec résolution, le regard plus encore bien en face :

— Monsieur, admettriez-vous, seulement pour un instant, comme par hypothèse, que si, par impossible (— mais ce n'est pas à moi de rappeler, surtout à vous, qu'en dehors des mathématiques pures, le grand Arago n'acceptait pas le mot : impossible —), si donc un modèle, un sujet quelconque, étant dans cette pièce où nous nous trouvons en ce moment, par exemple, — et d'autre part, votre opérateur avec son objectif dans son laboratoire, soit à cet étage, soit à tout autre étage au-dessus ou au-dessous, c'est-à-dire absolument séparé, isolé de ce modèle qu'il ignore, qu'il ne saurait voir, qu'il n'a même pas vu, — et il n'a nul besoin de le voir, — admettriez-vous que, si un cliché pouvait être ici, devant vous, obtenu dans ces conditions strictes de ségrégation, l'opération ainsi exécutée à brève distance pût être reproduite avec quelque chance à distances plus considérables —?...

*
* *

De Pages s'était levé comme si le jeune électricien l'avait touché de son fil...

Pour moi, quelque peu suffoqué, comme on pense, j'examinais mon interlocuteur : son clair regard de brave garçon restait droit braqué sur le mien.

— Et alors, monsieur, je suis venu à vous pour vous demander une grâce, — une grâce qui n'est rien pour vous, qui est tout pour moi : uniquement, simplement de vouloir bien me permettre de faire exécuter chez vous, devant vous, par un de vos opérateurs, — dans les conditions d'isolement indiquées ou que vous indiquerez vous-même, — avec tel modèle qu'il vous plaira choisir, — un cliché, ne fût-ce qu'un seul cliché, qui suffira à démontrer si ce que j'avance est ou non possible. — Naturellement je n'ai, moi, ni appareil, ni produits photographiques, et ce n'est d'ailleurs pas de ce côté mon affaire.

» C'est là tout ce que j'avais à vous demander, monsieur, et vous voyez que le dérangement que je viens solliciter de vous n'est pas bien grand. Quant à ma besogne, à moi, elle ne vous dérangera pas davantage : je ne tiens pas beaucoup de place et je ne vous encombrerai pas avec les onze cents grammes que pèse, sur mes genoux, mon petit moteur Griscom, et qui me suffisent.

» Et je vous serai très reconnaissant, car ce sera un grand honneur pour moi d'avoir été écouté dans une maison comme la vôtre. — Je ne parle pas des résultats au point de vue des profits pécuniaires qui me touchent moins que le reste. Les yeux fermés, je me mets ici en vos mains — que je connais.

Je n'avais point bronché.

L'ami de Pages, suragité, cherchait mes yeux autant que j'évitais les siens, me faisant force signes que je ne voulais voir. Trop évidemment, il me trouvait froid. — N'y pouvant plus tenir, il intervint :

— Ainsi, vous dites qu'à toutes distances et hors de vue, vous espérez exécuter des clichés?

— Je n'espère pas exécuter, monsieur ; j'exécute.

— Mais je ne saurais trop vous le redire et vous le
verrez de reste : je ne suis pas un inventeur, je n'ai
rien inventé; j'ai seulement rencontré. Je n'ai eu là
qu'un bien petit mérite, s'il y en a un : celui de supprimer. — Vous vous rappelez, monsieur Nadar,
que vous avez écrit, en parlant de la première roue à
pattes de la locomotive de Stephenson : « Ce qui fait
le premier obstacle à la plupart des manifestations
nouvelles de l'esprit humain, c'est que nous procè-
dons presque constamment du composé au simple. »

— Et il cite ses classiques!... me dit de Pages en
riant.

— J'ai simplifié, voilà tout. — Seulement... seulement, messieurs, je vous dois un aveu... Mon devoir
est de vous dire...

— ?...

— ... de vous avertir que j'ai déjà tenté une première expérience, — expérience que, sur votre
accueil, je dois regretter aujourd'hui, car elle a été
publique. — Je dois même avoir sur moi le journal
qui en rend compte...

Il mit la main à sa poche, puis, avec une agitation
croissante, il fouilla successivement ses autres
poches :

— Ah! mon Dieu! je l'aurai laissé à l'atelier!!!...
Puis, tout heureux :

— Non! — Le voici!...

Il déploya et me tendit la feuille — un *Courrier*
quelconque ou *Echo de la Banlieue.*

En tête des « Faits divers » nous lisons, — de Pages, braqué, l'épaule contre la mienne :

« — Une expérience des plus curieuses a eu lieu hier dimanche, à deux heures de l'après-midi, à la Mairie de Montmartre. Un tout jeune homme, presque un enfant, M. M..., avait obtenu de la Mairie l'autorisation nécessaire pour ses premiers essais publics de photographie électrique à toutes distances, c'est-à-dire le modèle hors de la vue du praticien. L'inventeur avait affirmé que, de Montmartre, il exécuterait des clichés de Deuil, près Montmorency.

» M. le maire de Montmartre, plusieurs Conseillers municipaux assistaient à l'expérience, ainsi que des personnes habitant Deuil et qui devaient indiquer les points à reproduire.

» Plusieurs clichés ont été coup sur coup obtenus, et chacun reconnaissait les sites reproduits, exécutés immédiatement sur la demande. Maisons, arbres, personnages se détachaient avec une netteté parfaite.

» On a chaudement félicité le jeune inventeur. C'était un véritable enthousiasme auquel il tâchait de se dérober avec une modestie qui rehaussait encore l'intérêt de cette découverte vraiment extraordinaire, dont les conséquences apparaissent dès à présent incalculables. »

*
* *

Nous relisions encore cet extraordinaire récit...

Ahuris, on l'eût été à moins.

De fait, pourtant, et la veille même, nous sortions de l'Exposition d'électricité, tout éblouis, aveuglés encore de ses miracles, troublés sous cette puissance mystérieuse par nous domestiquée désormais et accourant à notre appel avant notre appel, — mieux que cela, s'appelant elle-même pour nos moindres usages ou caprices, toujours là invisible et présente comme quelque serviteur diabolique...

Nous venions de la voir, celle qu'on ne voit pas, accomplir toutes les fonctions, exécuter tous les offices, réaliser aussitôt formulés ou seulement conçus tous les desiderata de notre imaginative, attendant, soumise et prête, nos ordres à venir. Cet agent tout-puissant autant qu'impeccable, ce domestique sans pareil sous toutes ses livrées comme sous tous ses noms : télégraphe, polyscope, phonophone, phonographe, phonautographe, télélogue, téléphone, topophone, spectrophone, microphone, sphygmographe, pyrophone, etc., etc., nous l'avions vu soulevant, véhiculant pour nous les fardeaux, — poussant nos bateaux, nos chars, — portant notre voix de régions à régions et nous en gardant, *ne varietur*, le son jusque dans ses modulations les moins perceptibles, — écrivant, dessinant bien autrement loin

que la portée de notre main, à toutes distances, —
burinant, décapant, dorant, argentant, — nous
tâtant le pouls et réglant notre montre, — appelant
les pompiers avant que nous ayons vu le feu et les
terrassiers avant la crue de l'étiage, — combattant à
notre place soit en veillant comme sentinelle, soit
en nous précisant la vitesse de nos projectiles ou en
faisant sauter les forts ennemis, — indiquant au
chirurgien la balle dans notre corps perdue, — arrêtant net nos chevaux lancés ou nos locomotives, et
arrêtant aussi les voleurs, — labourant notre sol,
blutant notre blé, bonifiant et vieillissant notre vin,
nous abattant le gibier, contrôlant nos caissiers en
même temps qu'il garde nos caisses, — et empê-
chant même nos bons députés de tricher dans leurs
votes en attendant que nous en obtenions la machine bénie qui nous fabriquera enfin des représen-
tants qui ne nous fraudent en rien ; — ouvrier de
premier ordre en tous arts et métiers et bon à tout
faire, tour à tour ou simultanément comme on veut,
fort de la Halle, facteur, lampiste, graveur, labou-
reur, médecin, artilleur, comptable, archiviste,
scieur de long, remplaçant militaire, ténor et ser-
gent de ville...

Au fait, pourquoi pas photographe, ce Maître
Jacques universel, — et même photographe à
distance ?

Et le bon Hérald, né pour être à jamais croyant,

avec tout son esprit si fin, si délié — (comme notre
brave Latour-Saint-Ybars, avant nous parti...) —
Hérald me reprochait, me rentrait ma résistance
muette, de son regard illuminé devant tous les
infinis de cette voie nouvelle qui s'ouvrait devant
nous...

Eh ! oui, certes, je cédais, j'eusse déjà dix fois
cédé si... — si je n'avais été impérativement arrêté
par une hallucination singulière...

*
* *

Comme dans les phénomènes fantasmagoriques et
sous l'obsession de certains cas de double vue, il me
semblait que les traits de mon digne Hérald et l'honnête visage du jeune ouvrier se mêlaient, se fon-
daient en je ne sais quel masque méphistophélique
où m'apparaissait une figure inquiétante que je
n'avais jamais vue et que je reconnaissais tout de
suite : — Mauclerc, le captieux Mauclerc, « de passage en notre ville », me tendant narquoisement son
image électrique, du pays d'Henri IV...
— et je me semblais, moi, être Gazebon, oui,
Gazebon lui-même, Gazebon « le Gobeur »... — et je
me voyais attendant de Nadar à Paris dans mon café
du Grand-Théâtre à Pau, mon portrait « par le procédé électrique » et pour tuer le temps d'ici là, ver-
sant un bock à — « la meilleure société, même à des

Anglais, — assis, s'il est possible, dans ma salle de billards, »

— et « tiré en couleur » !...

*
* *

Et cependant que le bon jeune homme attendait une réponse, silencieux, ses yeux toujours fixés sur les miens, l'ardent de Pages continuait à pétiller..

— Eh bien, Nadar, tu ne dis rien ?

— Que veux-tu que je dise?

— Mais que risques-tu? Et que t'importe un cliché en plus ou en moins ? Que te demande-t-il, en somme ?

Ici, le jeune homme, avec une tristesse résignée dans son demi-sourire :

— Oh ! non, ce n'est pas cela ! Je comprends bien, moi, ce qui arrête monsieur Nadar... — Et pourtant quand il aura vu, de ses yeux vu, que ce fantôme n'est rien, moins que rien...

— Mettez que je ne m'arrête pas : — comment disposerez-vous ici vos conducteurs ?

— Vous allez cette fois reculer bien autrement encore, monsieur. — Et, pourtant, je ne puis pas, en conscience, je ne puis pas vous dire ce qui n'est point... — Monsieur, je n'ai pas besoin de fils.

— Par exemple ! ! !

— Non, monsieur, — et je ne suis pas un original, car ce n'est pas d'hier mais dès 1838, je crois, que

Steinheil avait déjà remplacé son fil de retour par le
sol lui-même pris comme conducteur, et Bourbouze
constaté les courants telluriques avec le galvano-
mètre. — Mais la voie était d'ailleurs depuis longtemps indiquée par les premières expériences de la
Société Royale de Londres, quand Watson, Caven-
dish et un troisième dont le nom m'échappe (— ah !
— Martin Folkes ! —) prirent la Tamise comme conducteur, non dans son courant, mais dans sa traver-
sée, — et quand ils augmentèrent même le trajet en
ajoutant à la largeur du fleuve une bande de terrain :
expérience qui fut répétée plus tard avec le courant
voltaïque. — Mais n'est-il pas reconnu aujourd'hui
que l'air lui-même est conducteur ? — Pourquoi
donc ce qui nous était acquis depuis 1747, en doute-
rions-nous aujourd'hui, après plus d'un siècle, et
pourquoi serions-nous assez ennemis de nous-mêmes
pour reculer à nous en servir ? — Enfin le photo-
phone, ce miroir qui vibre à toutes distances sous
l'action de la parole, ce miracle n'est-il pas obtenu
sans fils ? Il est vrai que le sélénium qui nous le produit attendait depuis 1817, quand Berzelius le trouva,
que nous voulussions bien prendre la peine de l'accepter. — Mais c'est toujours ainsi que vous l'avez
dit : — « l'esprit humain procède du composé au
simple... » — Les fils m'étant inutiles, monsieur,
j'ai supprimé les fils.

D'ahuri, je passais abasourdi...

Mais la partie était enlevée, — et notre jeune homme l'avait déjà senti, car pour tout à fait s'assurer qu'il tenait ville gagnée en y plantant son drapeau, il ajouta, plus familier et avec un sourire bon enfant :

— Et à présent me permettez-vous, monsieur Nadar, de vous exprimer ma surprise d'avoir rencontré une telle résistance chez un homme connu pour tant d'initiatives diverses, chez celui qui — le premier ! — trente ans avant que personne y songeât, prédisait, expliquait et même baptisait le *Phonographe*. Car c'est bien en 1856, dans un journal qui s'appelait le *Musée Français-Anglais*, que vous...

— Bon, bon... Assez !!

— ... chez vous qui obteniez sous terre le premier cliché aux lumières artificielles et aussi le premier cliché de la nacelle d'un aérostat; — vous qui en 1863 avez si bien donné du pied dans la chimère des ballons prétendus dirigeables et qui proclamiez dès lors le principe exclusif, accepté de tous aujourd'hui, des appareils plus denses que l'air pour la navigation aérienne... — vous qui...

— Grâce ! !... — Venez quand vous voudrez.

— Ah ! merci, monsieur ! ! !

— Et quand venez-vous ? demande de Pages arrivé à l'ébullition.

— Monsieur, si ça ne dérange rien, je viendrai le 16 courant, à l'heure que monsieur Nadar voudra bien me désigner.

Mais Herald :

— Le 16 !... Mais nous ne sommes qu'au 4 ! ! ! — Pourquoi perdre ces douze jours ? Pourquoi pas plus tôt ?... — demain, — aujourd'hui même ?...

— Monsieur, excusez-moi ; je ne puis avant le 16.

— Pourquoi ?

Mais le jeune homme est déjà vers la porte, s'inclinant pour prendre congé.

De Pages l'arrête par la manche de sa blouse.

— Enfin, pourquoi un tel retard ?.

— Pardonnez-moi, monsieur, si je ne puis vous répondre : ce sont des motifs sans intérêt aucun, tout personnels. — Je viendrai le 16.

— Mais quels motifs possibles pour retarder de douze jours une démonstration de si grande importance pour vous ?

— Je ne puis que vous le répéter, monsieur : ceci est personnel et personne n'a à y intervenir.

Mais de Pages ne se tient pas pour battu et il ne lâchera pas prise. Il pousse, il presse de telle vigueur que le jeune homme, réduit hors de ses dernières défenses, va fléchir... De Pages surchauffe ses arguments de persuasion :

— Voyons, de vous à nous, — bien entre nous, — quel empêchement ?...

— Mon Dieu, monsieur, vous insistez tellement que j'aurais mauvaise grâce à me refuser davantage à tant de bienveillance. — Puisque vous le voulez, nous ne sommes que le 4, et je dois attendre jusqu'au 15, jour de notre paye à l'atelier...

— ... pour?...

— ... pour une ou deux petites emplettes de produits nécessaires à mon expérience : j'ai usé, dimanche dernier à Montmartre, le reste de mes très petites munitions. La dépense est insignifiante, quarante francs à peine : mais vous comprenez, — vous sentez, j'en suis sûr, — que je tiens à cœur de les fournir ici moi-même...

— Nous y voilà arrivés! pensé-je.

Et c'est moi, cette fois, qui cherche le regard de de Pages... — Mais rien n'échappe à celui qui guette : le jeune ouvrier se retourne vers Hérald et, suffoquant, avec une larme qui tremble au bout de ses cils :

— Là!!!... Vous voyez, monsieur!... J'en étais sûr! Monsieur Nadar a sur moi une pensée mauvaise!... Et pourtant lui-même m'est témoin que je ne voulais rien dire de ce qui me regardait seul; mais vous avez tellement insisté que je vous ai cédé et que maintenant on peut me prendre ici pour un intrigant, un misérable mendiant...

Il faut l'apaiser, le consoler, le rassurer... — J'y aide Hérald, — et fin finale le jeune homme emporte ses deux louis, — mais combien il a fallu le prier!...

Il viendra demain matin, à dix heures, — dix heures *précises*.

Le voilà parti.

*
* *

Comme je ne dis rien :

— Alors???... me dit Hérald.

— Alors va pour deux louis!...

— Comment, tu peux croire que tout cela n'était qu'un jeu, que ce garçon est un fourbe, qu'il ne viendra pas demain?

— ... et ce n'est vraiment pas cher! — Remarque à quel point notre jeune artiste a été correct dans toute sa procédure : — l'entrée, modeste, réservée, la tenue conforme : tout cela parfait; — l'engagement des préliminaires sentimenteurs, les deux vieilles mamans évoquées, —(ce qui ne rate jamais: vois Dennery! vois Coppée!...) — l'exorde insinuant tiré de la personne de l'orateur; — la série volubile des faits et dates, invérifiables sur la minute, tourbillonnant à vous éblouir comme boules à jongler, — les compliments, un peu gros, mais ça passe toujours : — et pour atteindre cet ensemble de perfection, médite quelles préparations, quel entraînement! — Et si jeune encore! — Crois-moi : il y a là un ministre de l'avenir pour notre République maquignonne et même conservatrice.

— Mais ces noms d'amis qu'il te citait?

— Renseignements quelconques, obtenus plus que facilement du premier venu qui se sera trouvé dix

minutes à côté de moi ou de quelqu'un me connais-
sant.

— Et l'article du journal?

— Comment, c'est toi, mon Hérald, qui en as tant
connu, de journaux, toi qui as été le véritable, l'initial créateur du *Petit Journal* et de ses quatre millions de lecteurs d'aujourd'hui, — c'est toi qui te
laisses prendre à un fait-divers glissé dans l'un des
deux premiers et derniers numéros d'un éphémère
quelconque par la complaisance, ou — qui sait? — la
complicité d'un camarade de la composition? Tu
crois aux journaux, toi qui en as fait! Faut-il qu'a-
vec tant d'esprit tu sois resté un brave homme!...

— Mais non, tout ceci n'est rien ou peu de chose, et
ce qu'il nous faut admirer avant tout, c'est moins
encore l'intelligence dépensée à tout cet acquis
pseudo-scientifique que la façon de s'en servir, si
habilement étalé et manœuvré sur le tapis de presti-
digitation. Nous avons rencontré là un exécutant de
première marque et je suis satisfait vraiment d'avoir
fait la connaissance de cet homme fort. Il ira loin!...
Oui — et je suis difficile! — c'est un joli travail,
puisque tu m'as vu consentir moi-même à me
laisser mordre. — Voilà donc Gazebon vengé! — et
sur moi! — et par moi!!!...

Es-tu content, Mauclerc! et ton hideux sourire...

— Mais, mon ami, comment peux-tu admettre
tant de préparations, tout cet effort, pour aboutir

à quoi ? — au chétif résultat de deux louis illi-
cites !

— Pardon, pardon ! — Tu as ici raison quant à ce
chiffre deux ; nous valions mieux que cela et il pouvait nous en tirer au moins cinq : preuve qu'il n'est
meilleur cheval qui ne bronche. — Mais t'imagines-
tu que c'est pour moi, pour moi tout seul, pour une
seule et unique représentation toute cette machina-
tion de mise en scène qui a dû demander le travail de tant d'études et de répétitions ! Ça ne serait
vraiment pas payé ! — Non : ce que cet aimable
garçon nous a ici servi, selon l'endroit, il le débite
successivement à tous les photographes de la nature, Paris, banlieue, départements, étranger, assai-
sonnant la sauce de son entrée et son boniment
selon la situation, le goût et l'estomac de chacun,
car il n'en sera des plus humbles pour lesquels il
ne cuisine. — Et comme aucun des élus, des privi-
légiés qu'il favorise l'un après l'autre de l'honneur
tout particulier de sa confidence et de l'inopiné
bienfait des bénéfices futurs à partager jusqu'à
l'incalculable, comme aucun ne s'avisera d'aller
se vanter à son voisin d'avoir été mis dedans, chacun
lui gardant le secret du complice, la mine est inépuisable : il y a donc là vraiment ce que les gens
pratiques appellent « une affaire ». — Et c'est toute
la philosophie de l'aventure.

Après un silence :

— Reste la Question, reprit de Pages. — En résumé, toi qui laisses si complaisamment (ce que je blâme) répéter devant toi le mot favori de notre très charmant mais abominable ami G... « — Tout est possible, même Dieu ! » — tu te refuses donc absolument à admettre à jamais la possibilité de photographier un modèle hors de la vue ?

— Je trouverais aussi téméraire de nier que d'affirmer : je reste flottant, tout comme mon vieil ami Babinet échappant à la querelle que lui poussait Biot. L'athée niait ce Dieu, dont tu viens de parler, avec une insistance si furibonde que Babinet, pour clore : « — Alors vous êtes bien certain qu'il n'existe pas ? Eh bien, mon ami, vous êtes *encore plus superstitieux* que moi : je n'en sais rien du tout. » — Et mon opinion ne pouvant être ici que d'une valeur très relative, je m'en tiendrai pour conclure, en mon innocence, à cette autre parole du même Biot, si profonde, essentielle, — l'éternelle parole :

« — *Rien de plus facile que ce qui s'est fait hier ; rien de plus difficile que ce qui se fera demain.* »

P.-S. — Lorsque nous écrivions ces lignes, nous ne supposions guère que la question technique qui s'y trouve imaginativement indiquée allait aussitôt être abordée pratiquement, par notre éminent cor-

respondant et ami M. le docteur Ed. Liesegang, de
Vienne.

Voir, à ce sujet, le très curieux article traduit du
British journal of Photography, — lequel finalement
conspue Mauclerc à la plus grande gloire de Gazebon, réhabilité... — Pends-toi, Nadar !

Re-P.-S. — ... Et de ce matin même, avec la définitive télégraphie sans fils de Marconi, que ne
pouvons-nous rêver !...

Marseille, juin 99.

L'AVEUGLE PRINCESSE

. . . .

— Madame Ratazzi est venue? dis-je en regardant
la liste des séances inscrites pour ce jour-là.

— Non, monsieur.

— Je vois là : *Princesse de Solms?*

— Oui, monsieur, mais ce n'est pas madame Ratazzi : c'est la princesse de Solms, sœur du roi de
Hanovre. Son fils et sa fille sont venus eux-mêmes
la recommander : leur mère est aveugle. Les deux
jeunes gens sont charmants; ils regrettaient bien de
ne pas vous rencontrer. Ils ont dit que leur famille
vous connaissait et qu'eux-mêmes s'étaient autrefois trouvés bien près de vous connaître aussi.

Autrefois, en effet...

Dans ces souvenirs personnels, il serait impossible
d'exclure le « moi » détestable. Il est même mal commode de le réduire.

4

Encore ai-je à m'excuser d'abord s'il me faut prendre ici par le plus long et rappeler une vieille histoire ignorée de la génération présente et qui a eu d'ailleurs, depuis 1863, tout le temps de se faire oublier de tous, malgré son fracas d'alors.

*
* *

Dans mes premières ascensions en quête de la photographie aérostatique, si difficile alors et dont ils savent tous jouer comme ils veulent aujourd'hui que la voie est déblayée, — je n'avais pu manquer, comme chacun en l'air et même à terre, d'être traversé de l'éternel rêve humain : — la navigation aérienne.

Quelques descentes un peu vives où, par tout petit vent frais, ma nacelle d'osier brisait arbres et murs, m'avaient bien vite donné là à réfléchir.

« — Si je ne puis seulement arrêter mon ballon sous cette brise insignifiante, où la moindre vitesse acquise tord mes ancres, rompt mes câbles, et me traîne à travers tout, — ma prétention de le diriger contre les courants serait donc plus qu'imperti-nente. »

De ce premier constat si simple, tout un enchaî-nement logique d'autres observations non moins décisives avait déterminé ma conclusion :

« — L'aérostat (— et ce nom qu'il reçut à son bap-tême semblait lui limiter son unique destinée —), l'aérostat à jamais ne saurait être nef. Né bouée, il crèvera bouée. — La direction des ballons est une chimère. »

* *
*

D'autre part pourtant je me disais que l'homme a le droit d'aller à sa volonté dans l'air, — puisque l'animal y va?

Je considérai alors que l'oiseau et l'insecte qui vole ne se dirigent dans l'air qu'à la première, absolue condition d'être précisément tout le contraire du ballon : — en effet, ils ne s'enlèvent pas, comme le ballon, par une simple différence de pesanteur spécifique et, tout au contraire du ballon, tandis que l'air presse sur le ballon, eux s'appuient sur l'air. Sans quoi ils ne voleraient.

Ces excellents professeurs, dès que je leur eus prêté attention, m'apprirent bientôt que le vol proprement dit, l'automotion aérienne ne peut être que dynamique, mécanique, avec concordance d'autres composantes, statique, etc.

Place nette étant faite enfin de la fausse piste sur laquelle, malgré la lamentable et dérisoire série de ses déconvenues sans fin *, l'homme ne se lassait

---

* Il est vraiment impossible de ne pas exprimer ici une question :

— Combien d'années se sont écoulées depuis le jour où le ballon de l'École de Meudon alla, sans dire gare un beau matin, chez son voisin, Chaville, je crois, et en revint aussi

de toujours revenir depuis la sublime et décevante
découverte des Montgolfier; il fallait donc, comme
l'homœopathie vis-à-vis des allopathes, renver.er la
proposition pour dégager le problème et le poser
enfin dans son véritable terme, absolu, exclusif :

ÊTRE PLUS DENSE — PLUS LOURD QUE L'AIR — POUR
COMMANDER A L'AIR — c'est-à-dire comme partout, en
toutes choses : — *Être le plus fort pour ne pas être
battu.*

vite, profitant en toute hâte de l'embellie d'une accalmie de
quelques minutes, c'est-à-dire remportant la victoire sur
l'ennemi *absent?*

Ce fut alors que, pour la confusion de notre pays et de
l'intellect humain, un Ministre de l'Instruction ou plutôt de
l'Ignorance publique osa proférer en plein Institut — (Babinet étant mort, Barral hors mis et Marey pas encore) — ces
paroles qui demeurent, scandaleuses, en péroraison de son
rapport :

« *Gloire à l'armée française qui* VIENT DE DÉCOUVRIR *la direction des ballons!...* »

Assurément, — et qui y contredirait? — assurément sur
cette découverte la plus extraordinaire comme la plus féconde
des trouvailles humaines, jamais le prédestiné, l'admirable
inventeur ne se fût lassé d'affirmer et réaffirmer encore la
gloire de sa conquête, de réduire à néant toute incrédulité,
tout doute, par une succession continue de voyages aériens,
quotidiennement accomplis, avec jours, heures et itinéraires
d'aller et retour annoncés, proclamés à l'avance.

Or combien de fois, depuis l'affirmation si solennelle du
ministre H. M., l'École de Meudon a-t-elle renouvelé seulement son saut de puce sur Chaville et retour?

— Et combien depuis tant d'années successives a coûté,
combien coûte encore chaque année à notre budget déjà si
lourd l'élève stérile de ces *« poissons volants »* — qui ne volent
pas et qui ne sauraient voler jamais?

*
* *

C'était quelque chose ; ce n'était rien.

Rien qu'une formule : — qui la réaliserait ?

Pas moi, certes, qui ne tiens aucune des vertus de l'ingénieur, qui ne pus jamais me décider à brouter les logarithmes, nativement rétif à l'A $+$ B, et à qui de tous temps on reprocha surtout de ne savoir seulement compter.

Mais qui nous donnera raison de ce grand inconnu, lequel de nous dégagera cette révolution gigantesque qui bouleversera de fond en comble (— réfléchissez-y un instant —) toutes les conditions de nos existences présentes, — devant laquelle vont s'effacer toutes les découvertes dont l'humanité s'enorgueillit ?

D'autre part, cette gloire de demi-dieu ne sera-t-elle pas trop lourde pour un seul ?

Devant une thèse aussi complexe, où tant de nos connaissances sont participantes, ne fallait-il pas faire appel à tous les chercheurs, à tous les croyants ?

Alors, avec un ami cher que j'ai depuis perdu, l'excellent de La Landelle, et Ponton d'Amecourt, féru de la folie parallèle (— *sapientem stultitiam* —), je créai une *Société d'Encouragement pour la navigation aérienne par les appareils exclusivement* PLUS LOURDS QUE L'AIR, — et du même coup, sans plus compter, je fondai notre journal spécial *l'Aéronaute*.

4.

Il nous en vint de tous côtés, inventeurs, mécaniciens, algébristes, physiciens, chimistes et autres, — des corps d'officiers du génie et de la marine, des mines, des écoles spéciales supérieures, etc. — Nous nous comptions presque immédiatement six cents, et chaque vendredi soir ces fidèles se réunissaient, discutant théories et plans présentés.

Mais là encore, discuter n'était rien : il fallait des essais, des essais à l'infini, en cette science de synthèse, tout entière à créer. — Il fallait de l'argent, beaucoup d'argent.

Où le prendre?...

Je n'ai jamais eu d'autre fortune que mon travail, et du gouvernement d'alors, je ne voulais absolument rien accepter, — malgré un bon vouloir que je dois aujourd'hui reconnaître, bon vouloir remarquablement persistant devant mon recul.

En résumé, je me trouvais seul à encourager ma Société d'encouragement. — C'était insuffisant.

*
* *

J'eus alors l'idée de demander le trésor qu'il nous fallait, précisément à cette aérostation que je voulais exclure : — je construisis à grands frais un aérostat de dimmensions inconnues jusque-là, cubant ses 6,000 mètres de gaz, et enlevant avec le poids de son énorme matériel jusqu'à 45 soldats d'artillerie (ce qu'il fit) sur la plate-forme de sa nacelle à deux étages.

Les ascensions de ce ballon monstre par l'univers entier devaient emplir la caisse de notre Association et chaque capitale, chaque grande ville payeraient leur part de la rançon de la future navigation aérienne.

Et en effet, Paris d'abord par deux fois, puis Bruxelles, Lyon, Amsterdam bondèrent à l'envi les enceintes du *Géant*.

Je ne m'étais donc pas trompé — que sur le point essentiel où fourcha le singe de Florian : j'avais oublié d'allumer ma lanterne, c'est-à-dire que je n'avais pas su organiser mes contrôles, où des centaines de mille francs n'affluèrent que pour s'évanouir...

Et de ce grand effort il ne résulta rien — qu'une rude lutte de dix années d'angoisses et d'efforts pour honorablement tout payer, — ce qui fut fait enfin !

— Mais ceci n'intéresse que moi.

*
* *

Il doit sembler que je m'éloigne de plus en plus de la princesse de Hanovre en ce moment même où je vais à elle à toutes voiles.

Mais que puis-je contre tant de souvenirs, et surtout quand je me retrouve devant la GRANDE CAUSE — là où je ne m'arrêterais plus !...

*
* *

Donc à la seconde ascension du *Géant*, partis du

Champs-de-Mars à sept heures du soir, nous tombions,
par une fausse manœuvre d'équipiers, le lendemain
matin à huit heures dans le Hanovre, où nous étions
traînés pendant sept lieues en trente minutes, — à
peu près la vitesse réglementaire des trains rapides.

Imaginez que vous faites ainsi vos sept lieues en
une demi-heure, remorqué derrière l'express, dans
un panier au bout d'une corde, — et voyez la danse...

Il n'y eut pourtant pas de morts : — seu'ement un
bras cassé pour l'un, une jambe fracturée avec
quelques autres luxations pour moi, — et la bien
chère compagne qui avait trop bravement voulu
« suivre son mari partout », selon la parole des
Codes, fut meurtrie cruellement. — Les autres pas-
sagers en furent quittes pour des contusions ou
injures insignifiantes.

On nous transporta assez péniblement sur la ville
de Hanovre dont nous n'étions pas loin et on nous
installa, un peu trop somptueusement, au premier
étage du Grand-Hôtel, retenu pour notre petit monde
— par l'ordre du Roi *.

---

* Ces dépenses, comme toutes autres et celle du train
spécial chauffé pour nous sans que nous l'eussions demandé,
furent soldées par nous jusqu'au dernier *silbergroschen*, — ce
que le Roi *certainement* ignora. — Par nous fut également
payé le service médical, sauf vis-à-vis de l'excellent docteur
Muller qui déclina tous honoraires et reçut quelques jours
après, de notre gouvernement d'alors, le ruban de la Légion
d'honneur.

J'ai conservé tous mes reçus, montant ensemble à quelque

Du Palais comme de l'Ambassade de France, je ne
saurais dire quelle sollicitude et quelles bontés.
Fleurs et fruits étaient, matin et soir, envoyés à ma
pauvre blessée par la Reine — que je devais retrouver à Paris quelques années plus tard éplorée, folle
de toutes les douleurs, auprès du lit de mort de son
époux, — tous deux réduits par leur frère Prussien
dans un hôtel meublé de la rue de Presbourg...

Deux fois par jour, sans avoir jamais manqué, un
aide de camp du Roi venait prendre de nos nouvelles.

Cet aide de camp était un véritable géant, dont la
carrure apparaissait plus formidable encore sous son
uniforme blanc.

J'eus tout loisir, dans les heures qu'il passait à
mon chevet, de constater que cette magnifique car-
casse de guerre recélait une intelligence remarquablement affinée, développée par une éducation scientifique des plus complètes. Inutile d'ajouter que la
manifeste évidence de notre « plus lourd que l'air »
avait vite conquis là un adepte de plus à notre Société d'Encouragement.

6,000 francs (je dix six mille francs) pour notre séjour d'une
semaine... transports, indemnités pour dommages, etc.
Ceci pour réponse en cette occasion aux journaux prussiens
qui, rancuniers de mes ballons-poste du siège et sur un mien
article quelconque où je ne manifestais pas de tendresse pour
l'Allemagne, n'hésitèrent pas alors pendant toute une semaine,
en chœur, à m'accuser d'ingratitude, — la plus odieuse, pour
moi, des perversions humaines.

Cet officier se nommait le comte de Wedel.

Je ne l'avais plus revu depuis le Hanovre.

Mais un jour parcourant les journaux, je tombai aux nouvelles étrangères sur son nom.

Avec chagrin je lus que le comte de Wedel venait de quitter le service de la personne du Roi et même le pays Hanovrien, immédiatement après un duel des plus malheureux ; il avait tué roide d'une balle un Duc — dont le nom se perdait pour moi dans les désinences *burg*, *stein* ou *berg*, usuelles aux vieilles familles des pays Allemands....

*
* *

Mais enfin, de tout ce passé, nous voici donc arrivés au présent :

On vient d'annoncer la princesse de Solms. Entre sa fille et son fils qui la guident et soutiennent, les yeux clos, souriant au-devant d'elle, elle s'avance de ce pas glissant et prudent particulier aux aveugles.

Ce regard absent, c'est le même que chez le Roi son frère, frappé de cécité pareille, sans que j'aie pu connaître si cette dualité était congénitale. — Mais le Roi, lui, n'avouait pas, et on se rappelle l'innocente supercherie de la grosse jumelle dont il affectait de se servir fréquemment à notre Opéra.

Ainsi que sa sœur et comme pour identité parfaite,

le Roi avait aussi son ange gardien, la princesse
Frédérique, sa fille, qui ne le quitta jamais d'un pas,
jusqu'à la mort : — perfections accomplies, ces deux
Antigones, et, l'une comme l'autre, se refusant
obstinément au mariage dans le pieux, jaloux
égoïsme du dévouement filial....

*
* *

La Princesse aveugle était installée : les opérations
du laboratoire se poursuivaient.

D'une pose à l'autre, je venais m'asseoir entre les
deux jeunes gens qui m'avaient d'abord gagné
par leur aisance familière et cordiale, plus sympa-
thiques encore tous deux qu'on ne me les avait annoncés. — Leur regard ne quittait pas la maman
qu'ils semblaient couver...

Ils me rappelaient tous les détails de leurs souvenirs, de notre séjour à Hanovre : leurs visites
sans fin à la nacelle et à l'aérostat, remisés en
lambeaux, leur curiosité de tous les incidents de
notre catastrophe, leur bonne entente aux jeux
avec mon fils alors enfant plus jeune qu'eux, qu'on
nous avait amené aussitôt de Paris sur la nouvelle
de l'accident et que la Reine envoyait du Palais chercher chaque matin. Ils ne se lassaient de m'in-
terroger, de s'enquérir de ce que j'avais pu tenter
depuis, de ce que je comptais faire.

Et tout en répondant à leurs questions, dans cette

conversation rompue, hachée par les nécessités de mon travail, je leur demandais de mon côté des renseignements sur certains points qui étaient restés alors inexpliqués pour moi, sur mon lit de blessé.

— Du fond de l'atelier, et bien qu'éloignée de nous, la maman prenait quelque part à la conversation dans les intervalles de pose.

Une dernière fois, revenant m'asseoir avec eux, au moment de se quitter :

— Et à propos, veuillez donc me donner des nouvelles d'un très charmant homme auquel j'ai gardé le meilleur souvenir, et dont je n'ai pas entendu parler depuis son duel terrible : — le comte de Wedel ?...

*
* *

La foudre entre nous trois éclatant n'eût pas produit commotion pareille....

Les deux jeunes gens, comme électriquement, avaient jailli debout, tous deux tendus, penchés vers un point unique : leur mère, — pâles comme suaires, la respiration suspendue... — pendant que la main de la jeune fille s'était levée vers ma bouche comme pour la clore, et que le jeune homme m'avait, — rapide, strident, comme suffoqué, — murmuré :

— *Silence ! ! !...*

J'étais resté muet, sans rien comprendre...

Mais déjà les deux jeunes gens venaient de se retourner l'un vers l'autre, le regard dans le regard — et quelles profondeurs dans les pensées, dans l'âme de ce regard ! — tout émus, bouleversés encore, mais avec un immense soupir de dégagement...

La maman n'avait rien entendu, souriante toujours....

Et alors contre mon oreille, — bien bas, tout bas, — le jeune homme me souffle :

— L'homme que le Comte de Wedel a tué il y a deux ans était notre frère, l'aîné.

» On a pu cacher cette catastrophe à notre mère, grâce à sa cécité. Mais avec la coïncidence de la disparition du Comte, nous avons toujours tremblé, nous tremblons encore, toujours, à la possibilité de quelque rapprochement....

» Jusqu'ici, pour notre mère, depuis ces deux années, notre frère est en grand voyage, autour du monde.

» Tous les quinze jours, nous lisons à maman son courrier, toujours avidement attendu : — les lettres qu'*IL* lui adresse, — et que nous écrivons, ma sœur et moi....

» Elle attend ainsi le retour, comptant les jours....

» Un mot de plus — *et vous pouviez nous la tuer...*

*
* *

Dérisoire fragilité de nos destinées humaines :

5

toutes ces pieuses et longues ruses disposées, combinées, poursuivies par la plus tendre amour, tous ces saints subterfuges, toute cette ferveur haletante, déjoués, subitement, tragiquement anéantis tout à l'heure, — tout ce doux espoir tendrement aspiré par l'une, tout cet apaisement de consolation pour les autres, tout cela s'écroulant, s'effondrant d'un coup pour s'engloutir irrémissiblement dans le plus effroyable des désespoirs, celui qu'on ne console pas, devant lequel il n'est plus de parole humaine...

— sur l'éventualité d'un seul mot tombé au hasard, par le passage fortuit dans un atelier de photographe, en pays étranger....

J'en étouffe encore, chaque fois que je me rappelle.

. . . .

PHOTOGRAPHIE HOMICIDE

Une petite boutique de pharmacien, au riche
quartier de la Madeleine, improvisée en angle aigu
dans le ratage d'une fausse coupe d'architecte ou
archi*toc*, et beaucoup plus exiguë qu'on ne les
choisit généralement pour ce négoce.

Du premier coup d'œil, chichement, insuffisamment assortie, la boutique. Les « dépôts » ne s'y
renouvellent pas : on sent qu'ils en ont désappris le
chemin pour avoir perdu la foi. La « *spécialité* » est
née trop maligne pour, s'étant laissé faire, se laisser
refaire. Le peu qui a survécu dans les montres est
décoloré, défraîchi, anémié, si espacé que ça semble
avoir froid. L'achalandage à peu près mort-né s'en
achève. Plus un chat, comme on dit : à peine, par-ci,
par-là, l'événement d'une petite bonne, débarquée
tout exprès de la veille et qui, non encore au courant
du quartier, dans sa candeur a mis la main sur le bec

de cane de la porte de malheur. La misère ! — Bien
tenu d'ailleurs, ce trou découragé ; tout le peu qui
s'y trouve est strictement en place et net au possible,
ayant eu, hélas ! le temps d'être essuyé deux fois.

Au comptoir, une femme. — Qu'est-ce qu'elles
viennent faire, ces femmes, aux comptoirs des phar-
maciens? Voulez-vous vous en aller de là ! Pas votre
place !... — La femme jeune, pas laide sans être précisément jolie, — ce que les connaisseurs dénomment « intéressante » : brune, pâle, fausse maigre,
l'orbite embitumé, avant l'âge lassée de tout et de
rien, exhalant de la semelle au chignon l'implacable,
l'immortel et mortel ennui.

Désespérément, comme hier, comme demain, elle
est penchée sur le creux roman-feuilleton de la veille,
pareil au roman de l'avant-veille, le même que le
roman d'après-demain. C'est là ce que chaque jour, du
soir au matin, dénuée d'aliment autre, c'est là tout ce
qu'elle broute. Et sa vie passe ainsi, braquée sur ce
vide... Deux enfants, deux petites filles, survenues
sans perdre une seconde, n'ont rien changé à cela,
parties tout droit chez la nourrice.

Et le pharmacien? — Le pharmacien n'est pas là.
Le pharmacien n'est jamais là. Le pharmacien est
aux courses, dont un gouvernement de tolérance
nous accorda le bienfait quotidien, — ou, s'il n'y est,
il y roule sur l'un de ces chars empostillonnés
et à cinq chevaux par lesquels s'entassent des figures
naïvement cupides ou patibulaires, pigeonneaux et

anciens pigeons promus émouchets ; — ou bien le
pharmacien est chez l'huissier pour demander « du
temps », — ou encore à la brasserie, tanière de
l'escompteur louche...

*
* *

De cette boutique où on ne vend pas et où il n'y a
rien à vendre, de ce comptoir qui n'a d'argent ni à
recevoir ni à rendre, de ce pharmacien bookmaker
et de cette femme lamentablement désœuvrée qui
pourrait se mettre ailleurs pour lire ses mauvais
romans, — l'explication ?

Elle est simple.

L'homme et la femme nous viennent comme tant
d'autres d'un département quelconque : ceux-ci, du
fond de l'Aveyron. L'homme, fils de paysans, a fait
cahin-caha ses études au séminaire. L'ambitieux
amour de la mère et du père a subi, a cherché,
inventé les privations dernières, héroïques, pour
pousser au delà du souffle, pousser plus loin, pousser
encore le fils qui est leur orgueil et dont ils attendent leur gloire : il sera médecin ! — Quant au cadet,
ce second venu n'a été pesé bon qu'à faire un
artisan. Celui-là, en réalité plus obtus encore et que
l'étude sommaire n'a même pas aidé à dégrossir, on
l'a mis plombier, — dans le zinc et la « couverture », — et ça suffit, l'aîné ayant, comme on dit,
tout pris pour lui.

5.

Pourtant notre glorieux n'a pu démarrer de ses derniers examens ; repoussé sur son troisième assaut, il a dû se replier. Il ne grossira pas la bande suspecte, grouillante aux bas-fonds, des docteurs d'aventure sans clients et sans avoir, — en avons-nous vus ! — médecins des quatrièmes pages et des édicules municipaux, praticiens à tout faire y compris la politique maquignonne, ou, comme le jeune Lebiez, le dépeçage des vieilles femmes en petits morceaux. — Notre homme s'est rabattu sur la pharmacie et il a été reçu tout juste ; un peu plus et ça allait dépasser la hauteur de son génie.

Alors il a fait pendant deux ans « le potard », passant d'une officine à l'autre, sur Rodez d'abord, puis ailleurs dans le département. Mais Rodez n'est pas Paris, le Paris des rêves, et « potarder » ou « potasser » ne réalise rien. Il faut être établi, patenté, acheter ou créer un fonds. Avec quoi ? Ambition mange scrupule, toujours et surtout pour les surclassés. L'unique procédé connu en l'espèce est de surprendre une dot quelconque qui permette de passer aux exercices subséquents, de décrocher cette dot d'abord n'importe où ni comment, comme il suffit d'une peur et d'une course au dénicheur de casquettes par la devanture du chapelier.

Notre lourdaud sans le sou n'a pu compter sur sa bonne mine pour entraîner les Cydalises à héritage. L'esprit étroit et obscur, l'âme médiocre se lisent sur ce front bas où la tignasse drue descend

en auvent jusque sur les épais sourcils : front d'acé-
phale, de mandrill au plus, fournissant bien juste la
place pour une maigre idée à la fois. Les petits yeux
vrillés, comme sanglants, fuient sous la broussaille,
et par le profil bestial, l'analogie passionnelle dé-
piste tout de suite la mélancolique taciturnité du
blaireau. Encore ce gracieux reste-t-il obstinément
muet, toujours. — Hé! que pourrait-il nous dire?

Comment, en quelle rencontre, par quelles fortuités
coïncidentes cet animal peu attractif et aphone a-t-il
trouvé à côté de lui, sous sa main et du couvent
sortie tout à point la veille, la jeune fille à sac qui
lui est nécessaire? Par quelles combinaisons des
siens, quelle stratégie de mines et manigances, quels
envoûtements, la bande est-elle parvenue à capter le
sac tout modeste qu'il soit, et cette fille si dressée
d'avance qu'elle fût à tout accepter de la vie qu'elle
ignore, n'ayant pas à elle l'ombre de volonté, attraction ou répulsion, — soumise, inerte comme cire à
modeler? — Et c'est « une demoiselle », tout autrement affinée que nous, paysans; ça se voit du premier coup d'œil, bien qu'elle non plus ne parle
guère ou pas, n'osant.

Il est vrai qu'il y a une tare (— le crocodile au
fond de la citerne... —), et le secret est de notoriété
publique, comme tous les secrets de famille en province : — cette sœur aînée morte *folle*...

Mais il ne nous appartient pas de faire les difficiles.

*
* *

Donc le mariage s'est fait entre cette passivité
silencieuse et cette sournoiserie concentrée. — Le
jeune ménage est aussitôt parti pour Paris, emme-
nant le frère cadet, inséparable de son aîné dont la
supériorité extatiquement le fascine : le zingueur
trouvera des « journées » là-bas tout comme ailleurs. — On a laissé sur place les vieux parents
exsangues, continuant à se sangler le ventre.

Et sur Paris la bataille s'est aussitôt engagée.

Non pas la bataille, la déroute. Paris n'a pas même
un coup de croc à donner pour mettre hors de
combat pareilles innocences : ces espèces se volati-
lisent rien qu'à entrer dans son atmosphère ambiante,
pour elles irrespirable.

Quelques mois ont suffi pour châtier la témérité.
La toute petite dot a passé entière à l'aménagement
et au premier assortissement de la boutique, étouffée
avant d'être ouverte sous l'écrasante concurrence de
ses voisinages. Le bon propriétaire qui a, du premier
jour, guigné second preneur pour cette installation
toute fraîche encore et qui ne lui a rien coûté, épe-
ronne son huissier vers les derniers sacrements,
Les entrepreneurs ne sont pas tout à fait payés.
mais eux peuvent faire faillite ; cela ne le concerne
pas. — En vérité, ce ne serait point pour ces honnêtes

propriétaires la peine de faire la loi eux-mêmes si elle ne les mettait au-dessus d'aussi misérables détails.

Le pharmacien a été désarçonné au premier choc. Éperdu sous la rapidité de l'effondrement, il a lâché pied du coup et cherché ressource ailleurs, flairant de gauche et de droite, principalement, comme tous les affamés, du côté de la viande creuse. Désespéré du possible, il court l'invraisemblable par les champs de la Chimère. Il est venu grossir de sa stérile unité le monde aléatoire et interlope qui, comme ont osé dire les impudents, « améliore l'élève du cheval en France », en gueusant le petit écu du côté de la carotte au pari.

*
* *

Un incident en cette monotonie.

Par les cafés borgnes et les cavernes en arrière-boutiques où cette race malsaine se repère, notre pharmacien errant a rencontré un autre pauvre diable plus misérable encore que lui peut-être, un jeune élève pharmacien en quête d'une place, d'un gîte, de pain, en quête de tout. Alors, chose inattendue, ce qui semblait à jamais à triple tour fermé chez l'Aveyronnais s'est tout seul ouvert : la douce, chaude pitié a tout d'un coup amolli cette âme figée, attendri cette pierre. Celui-là qui n'eut jamais un épanchement vis-à-vis des siens, qui reste obscur,

impénétrable à sa jeune femme elle-même, il a
ouvert son cœur avec sa porte à l'inconnu, lui
offrant le partage de sa détresse, — on fera comme
on pourra ! — lui confiant ses déceptions, ses angoisses, ses espoirs, lui confessant tout, croyant à
lui et en lui, l'aimant, le faisant son hôte : — *HOTE !*
mot si grand qu'il suffit à lui seul pour embrasser à
la fois et celui qui reçoit et celui qui donne...

Alors cette boutique morte a semblé un instant
vivre : on a revu battre cette petite porte du fond,
derrière le comptoir, sur laquelle est écrit un peu
ambitieusement : LABORATOIRE, — laboratoire bien
intermittent et même déserté, malgré la formelle
injonction de la loi, — la loi à laquelle on est ici
comme ailleurs tout disposé à tirer révérence. Ma
foi, pour ce qu'elle y rapporte !

Mais ce n'était là pour le nouveau venu qu'un pis-
aller momentané : le temps de toucher terre pour reprendre pied et aller plus loin, plus haut. Où souffle
la bise, le nomade indifférent ne s'affale pas, non
plus que le rat ne reste au navire qui sombre.

L'épreuve, au surplus, d'heure en heure plus
dure, touche à sa fin. Les coups suprêmes se préci-
pitent avec accélération de vitesse comme en toutes
chutes des corps. Le combat des papiers timbrés en
est à ses dernières cartouches. Par plus d'un soir, il
s'est fait tard quand le zingueur apporte du fau-
bourg sa « journée » pour faire bouillir le pot. —

C'est le moment psychologique où notre trio Aveyronnais va rester sur lui-même.

En effet, l'oiseau de passage, le jeune commis
vient de partir, — tranquillement, naturellement,
presque sans dire adieu ni gare, — laissant après
lui la solitude encore plus seule, l'abandon encore
plus abandonné...

*
* *

En somme, jusqu'ici rien de plus banal que ce
ratage d'une mièvre épopée de petites gens. C'est
l'éternelle, universelle histoire, vulgaire jusqu'à
l'écœurement, de la bataille quotidienne de toutes
ces multitudes subjacentes qui se débattent en
s'écoulant vers le trou conclusif, dans la parallèle
accoutumance de leurs conformités. Rien d'insigne
dans l'action ou seulement de désignatif dans les
acteurs.

Et pourtant, du terre à terre de cet infime ménage, nous allons voir tout à coup les destinées
disposées se révéler au monde en un éclat de tonnerre, puis se développer et s'accomplir par les
épouvantes dans les ampleurs et la gradation fati-
diques d'un drame Shakespearien...

Une étincelle suffit pour flamber la forêt.
Ici, il n'a fallu que la dernière parcelle d'un an-

cien billet déchiré en miettes, — oublié par le balai dans un coin obscur depuis des semaines et ramassé par le plus fortuit effet de la malice des choses — pour tout découvrir et faire éclater.

Vous vous rappelez l'autre épave recueillie : ce commis pharmacien qu'on a à peine eu le temps d'entrevoir ? — Eh bien, si rapide qu'ait été par cette maison son passage de malheur, la trahison qui entrait avec lui a eu le temps d'ouvrir la porte à l'adultère.

Au fait, entre, d'une part le mari toujours absent, d'autre part la femme au logis toujours désespérément oisive, le troisième terme de la proposition ne pouvait manquer d'intervenir. Il n'y a point failli : au moment donné, par un de ces jeux familiers à toute scène, le coefficient, le consécutif s'est trouvé passer premier rôle...

Anéantie sous la révélation irrécusable, la malheureuse avoue tout. Elle a tout trahi, tout, — jusqu'à cette si maigre caisse qu'elle avait charge de garder et dont elle volait le néant pour ce fuyard. Il n'est parti, l'ignoble, que lorsqu'il n'y eut plus rien, — rien !...

*
* *

En ces aventures, il n'y a qu'une jurisprudence. C'est le pont aux ânes.

Le mari, son instruction faite, prend son temps pour examiner, peser ce qui lui convient mieux de faire de deux existences dont il se trouve dès à présent disposer en toute propriété : *jus utendi et abutendi*. Tuera-t-il la femme ou l'amant, ou l'amant et la femme ? Ça, ça le regarde tout seul : à sa discrétion. — On lui demande seulement, et pour rester jusqu'au bout dans la correction — *omne punctum !* — de se présenter, son coup fait, devant le juge : — « Monsieur le Président, qu'est-ce que tu aurais fait à ma place ? » — Ce sur quoi, pas même besoin de délibérer : — et haut la main, les jurés proclament l'acquittement à l'unanimité, — sans que jamais, une seule fois, un seul de ces braves gens du jury ait été, pendant une seconde, traversé de la pensée de poser au meurtrier cette simple, primordiale question :

« — Toi qui tues les adultères, Justicier, ne fus-tu donc jamais, et le premier, adultère toi-même ?... »

Mais, pour l'instant, il ne s'agit pas de ces délicatesses.

*
* *

J'omets les fureurs, les grincements de dents, les morsures, les tortures en ce désastre à jamais sans fond ni bords : il faut courir à la vengeance !

Plus rien d'autre n'existe, pas même l'écroulement pour le lendemain.

6

Une seule question : — le traître au foyer, le voleur d'honneur et de tout, aura-t-il jamais assez de sang pour étancher telles soifs ?

Le misérable est là, à côté. Avec l'argent de quelque autre femme — et d'où l'aurait-il pris ? — ne vient-il pas de s'établir, lui aussi, dans une boutique toute prochaine qui semble menacer de prospérer ; et, chasseur inlassable, comme Nemrod devant l'Éternel, déjà l'infâme court les agences matrimoniales pour dépister une femme encore à qui se vendre.

Plus sombre que jamais, le mari n'appartient plus qu'à l'idée fixe ; — mais il a beau se dessécher, se consumer à la recherche, il ne sait trouver encore, il ne saura trouver jamais ce qui pourra étancher sa haine, cette haine qui subitement, lui négatif, nul jusqu'ici, vient de le relever et révéler, de le grandir devant l'épouse effarée. A la bonne heure, enfin ! Du coup, voici l'homme, voici le vaillant, le terrible, — celui qui commande et auquel on obéit : celui qui va tuer, — le Mâle !...

Lui, de ce côté de la complice, il a fait la trêve muette : — à plus tard !...

Présentement, il ne veut rien entre lui et sa pensée unique...

Elle, devant lui, s'écrase, annihilée, prête à tout pour obéir à celui-là, pour aider au châtiment de l'autre, le parjure, le double parjure...

Les yeux dans les yeux de son aîné, le frère n'attend qu'un signe, — le bras levé pour frapper...

** **

N'oublions pas, pour bien comprendre et tout comprendre, que ce trio vengeur, d'une réalité autrement dramatique en son parfait accord que celui de *Don Juan*, nous vient tout droit de la zone sinistre dont les départements sont teintés au maximum du noir sur les cartes criminalistes comme sur celles de l'instruction publique. C'est le pays où l'on égorge au son de l'orgue nasillard le vieillard entraîné, le pays de la veuve Bancal et de Bastide-le-Gigantesque, où les roches rendent à jamais l'écho de la complainte de « Fualdès ». Dans cette région nativement, naïvement scélérate, le soleil qui enivre comme un vin épais dégage des buées qui sentent le sang. La morsure de la vipère y est plus mortelle ; la plante aux couleurs exaspérées, napels ou digitales, y suinte des poisons plus âcres, plus subtils. La crécelle de la cigale s'obstine pour couvrir le pas de l'homicide, et, des Pyrénées aux Abruzzes, le couteau semble naturellement pousser par les doigts, comme pour allonger et parfaire la main qui tue...

En bonne justice où tout se compte, ceci ne saura être à son heure oublié.

*
* *

Enfin, tout est disposé, dressé, prêt. — Cet homme qui, la veille, ne savait trouver seulement de quoi payer un morceau de pain ou un port de lettre, immédiatement il a inventé tout ce qu'il lui faut pour louer une maison isolée près de Paris, à Croissy, au bout du pont, et encore de quoi solder tous frais de voyage et autres, de telle sorte que l'exécution prononcée ne puisse être une seconde arrêtée ou gênée par quelque misérable question de détail.

Sous sa dictée, c'est la femme, — la femme elle-même — qui va écrire pour indiquer un dernier rendez-vous à l'amant félon... Stupéfiée, stupide comme l'outil à l'ordre de l'époux devenu d'un coup formidable devant le forfait à accomplir, et, sans même songer à se rappeler qu'elle aussi a à venger sa vie perdue, les hontes et les remords de sa double trahison à son tour trahie, elle obéit, et, jusqu'au delà de l'horrible, elle obéira : — comme une prédestinée de la fatalité antique, c'est elle, — la sœur de l'autre sœur, ne l'oubliez pas ! la sœur de la folle, — qui va conduire là-bas, jusque sous le couteau, l'homme qu'elle a aimé...

Mais, ce soir-là, c'est vainement qu'elle l'attendra à la gare Saint-Lazare, — et c'est vainement aussi que les deux autres l'attendront là-bas, dans la petite maison isolée, au bout du pont... — Il n'est pas venu : c'est à recommencer.

Recommençons ! — Pour le coup il viendra : on a amorcé la lettre : « — ... Une aubaine est tombée, inespérée, inouïe, qu'on n'a pas le temps de lui expliquer, est-il écrit. Mais, dès à présent et jusqu'à mieux, il y a un billet de mille francs pour lui, qui l'attend... »

Cette fois il accourt (— parbleu ! —) à la gare, le soir, huit heures un quart, juste pour le train de la demie, comme on le lui a précisé... La femme est là, épais voilée : « — C'est moi ! — Mais pourquoi aller si loin ? Pourquoi... — Je vous expliquerai tout en route. Fuyons ! Si on nous voyait !... »

Les voilà partis — et arrivés. Dans le wagon plein, il a été impossible d'échanger une parole : on peut enfin se parler un peu, tout en marchant, presque en courant : — « ... il fallait bien qu'il la connût, cette petite maison, bien sûre, bien secrète, qu'on a su découvrir, qu'on vient de louer tout exprès pour lui, pour eux deux, grâce à cette petite fortune tombée des nues... Mais on aura tout le temps de se raconter cela, — après... — Dépêchons !... »

Et elle l'entraîne, le tire, — lui, comme indécis, avec une inquiétude vague, emporté vers l'inconnu par les ténèbres de la nuit sombre...

Enfin, voici la petite rue déserte. « C'est là ! » — Une clef, — la seconde clef... — ouvre la porte...

« — Entre donc ! ! ! »

Il est poussé dans le noir, — poussé encore de l'entrée dans une seconde pièce... Les deux portes sur lui se sont refermées...

A cet instant, tout d'un coup, une lueur fulgurante de deux mains éclate : — les bourreaux sont devant lui, lames nues...

Il tombe, de coups criblé...

★
★ ★

Maintenant encore le reste va de soi :
— les leçons faites et répétées, tout bien expliqué, convenu, sans contradiction, erreur ou surprise possible, le trio se sépare, chacun tirant de son côté, — et l'époux vengeur et vengé se fait conduire par le premier passant au bureau de police ou à la mairie : « — Monsieur, voici les clés d'une maison où je viens à l'instant de tuer l'amant de ma femme ; vous allez trouver dans la poche du jeune homme un billet qui vous prouvera que je ne l'ai pas pris pour un autre ; je me constitue prisonnier. » — Poliment, on vous offre une chaise. Pour que l'instruction soit tôt bâclée et ne pas vous déranger trop longtemps, on mettra les bouchées doubles. — Quant à l'acquittement, le cas est classique.

*
* *

— Pas du tout !

A ces cervelles recuites au soleil du midi, il faut
du mélodrame, de la mise en scène : elles ont besoin
de compliquer, d'en trop faire, de frapper au mur de
la cave de Poë d'où le miaulement dénonciateur va
sortir. — Que d'histoires et que de besognes ! Le
cadavre, les membres repliés, tordus, on a dû pour
le maintenir le ligotter avec des tuyaux de plomb,
apportés de Paris par le zingueur ; — puis on l'a
péniblement hissé sur une voiture à bras, louée
d'avance ; — puis on l'a roulé vers le pont, et de là
— p'loff !... à l'eau ! — Sur quoi on rentre enfin vers
Paris, — en famille...

Après tout, même encore ainsi, même en admet-
tant que la découverte du meurtre aura lieu sans la
déclaration préalable, spontanée du meurtrier, c'est-
à-dire en poussant toutes choses au pis, — eh ! bien,
après tout, quoi ?

Il n'en reste, il n'en restera pas moins toujours le
fait patent, avéré, irrécusable de l'adultère commis,
de l'adultère vengé. Tout au plus y aura-t-il à regretter qu'on se soit écarté sur un point des rites
consacrés, du programme courant en la matière.

Et comme il n'y aura eu là qu'une transgression
de l'observance adoptée, un simple vice de formes,

la condamnation sera plus que paterne, — si condamnation il y a.

— Attendez !...

*
* *

Un mois, six semaines après la soirée de Croissy,
un marinier sous le pont ramène de son croc un
amas informe, apparition hideuse par la vase...

C'est le cadavre d'un noyé en pleine putréfaction,
si abominablement façonné que la forme humaine y
devient tout à l'heure illisible. Les membre. ont été
ramenés et violemment ployés contre le corps : des
bandes de plomb les y écrasent en turgescences
livides, et, ainsi, cette masse hâve semble le ventre
blafard d'un crapaud géant. — L'épiderme des mains
et des pieds, tout plissé, est blanc cru tandis que la
face a pris une teinte brunâtre. Les deux globes des
yeux, aux paupières révulsées, pareils à deux œufs
et comme prêts à éclater, jaillissent exorbités de la
tête livide : entre les lèvres épanouies en bourrelets,
la bouche grand, ouverte laisse pendre la langue
tuméfiée, déchiquetée par les poissons... Les parties
charnues sont déjà comme saponifiées ; ce qui reste
de cheveux ou de barbe n'adhère plus. De toutes
parts crevée, la peau de l'abdomen, verdie par places
et par d'autres bleutée ou violâtre, vomit par chacun
de ces trous les intestins parfilés, et ces boyaux
flottent en banderoles, comme des tentacules de

pieuvre... — Jamais la décomposition par la mort
n'aboutit à quelque chose de plus horrible que ce tas
sans nom, cette charogne infâme, étripaillée, déli-
quescente à faire évanouir le fossoyeur...

Les gens de la justice se transportent, instru-
mentent. On cherche, on recherche, on a déjà trouvé.

Mais, avant tout, le service de la Préfecture a photographié l'horreur, et un diable de journal toujours
à l'affût s'en est procuré la première épreuve : —
depuis hier on s'écrase à la salle des dépêches du
Figaro, et Paris entier y passera.

*
* *

Ce n'est qu'un cri devant l'image maudite : —
« Oh ! les scélérats ! Oh ! les monstres ! — Avoir mis
en pareil état « *ce pauvre jeune homme !* » — Il n'avait
pas trente ans, madame ! — A mort !... — A mort !!...
— A mort ! ! !... »

Et pour un peu, j'entendrais, strident par-dessus
toutes les autres imprécations et clameurs, ce fausset
suraigu — d'une très belle personne et d'air fort res-
pectable, ma foi ! — qui, en haute-contre de tous les
cris, me perça le tympan, une autre fois plus atroce
encore, en plein boulevard, sur le passage d'une
bande de communards prisonniers : « — *Arrachez-
leur les ongles !...* »

Silence au banc des accusés ! Silence aux défen-
seurs ! La défense est entendue, le débat clos.

C'est la photographie qui vient de prononcer l'ARRÊT, — l'arrêt sans appel : « — *A MORT !...* »

Toute la meute s'est lancée aboyante, hurlante sur cette piste de sang où nulle puissance ne saurait maintenant l'arrêter. Et c'est surtout à la femme qu'on en veut, et c'est surtout les femmes qui lui en veulent, les femmes en haine jalouse, en haine éternelle de la femme, — toujours prêtes à achever, avec l'acharnée férocité du poulailler, la compagne blessée, — toujours impitoyables à la fornicatrice et furibondes comme si celle-ci eût écorné la part de chacune.

Et pourquoi donc celle-là, — dont cet autre, « *le pauvre jeune homme* », fit la fourbe, l'adultère, la voleuse, la misérable à jamais perdue, pour l'abandonner quand elle n'eût plus un centime à lui donner, — pourquoi n'aurait-elle donc pas eu le droit à se venger, elle aussi ? Qui donc plus qu'elle fut trahi ? Mais non : que nulle voix, pas une réclamation, pas une observation ne tente de s'élever en travers de cette trombe de carnage ! Jésus le Nazaréen serait ici lapidé à côté de la femme adultère.

— *A MORT !!!...*

*
* *

Dans ce drame, si monstrueux qu'il soit et *sensational* par la mise en scène, d'ailleurs vulgaire comme

conception et exécution, — avant tout forcément
bête, comme tout crime, — ce qui reste pour nous
stupéfiant, c'est le manquement intellectuel du juge, —
des juges, — et aussi de la défense, au point de vue
du discernement, de la déduction et du plus simple
flair psychologique.

Pourtant, et réserves plus graves faites d'ailleurs,
quelle étude curieuse pour des « professionnels »,
quelle ressource pour la défense, l'observation des
concomitances, des antécédents, de tous les pro-
dromes ! — Mais tel est le trouble de la Justice elle-
même, puisqu'elle s'appelle ainsi, devant l'image
maudite du crime perpétré, que cette épreuve photographique se trouve souverainement suppléer tout
le reste : elle entraîne tout. — Pas même le rappel
de cette sœur aînée idiote ou folle ; — pas seulement
le constat si important de la vie privée, des recettes,
des ressources quotidiennes et de leur source chez
l'infâme. l'ex-*mactotum* de la pharmacie Fenayrou,
le nouvel établi, l'initial auteur de tant de maux !

— A MORT !!!...

*
* *

Et de tout ce qui est moi récusant ma part de
complicité sociale dans l'inique sentence, sous les
clameurs forcenées de l'universel haro, par les malé-
dictions sauvages, l'ironie sanglante pire encore, je

vois, — pardonné, innocenté, auréolé presque et mieux encore oublié, — je vois, avant tous à jamais calme dans le grand et bienfaisant pardon de la mort, — je vois le premier coupable, la cause mère, le premier facteur de ce trouble premier, de ces mensonges, de ces ruses, de ces vols, de ces angoisses, de ces rages, — le traître au foyer, à l'amitié, à la tendresse, — le scélérat qui précipita l'épouse, la mère, tous ; — « *le pauvre jeune homme* » — sans lequel ces trois êtres vulgaires, pas plus ni moins malsains que tant d'autres, continueraient à pousser devant eux un à un tous les jours plus ou moins difficiles de cette vie banale qui est la vie commune ; — mais, de par celui-là, unique, à jamais perdus ! Je demeure à la fois saisi d'horreur et d'infinie pitié devant ces condamnés qui vont payer pour le condamnable absous, — à jamais plongés, eux et leurs tout petits — *qui n'ont pourtant rien fait* — dans l'horrible et l'irréparable...

Mais *LA PHOTOGRAPHIE* le voulut cette fois ainsi...

P.-S. — Au moment où j'écrivais ces lignes, le hasard me faisait rencontrer aux Baignots de Dax un jeune médecin de 1ʳᵉ classe de la marine, — M. le Dʳ Offret, — qui fut pendant quatre ans attaché au pénitentiaire de la Nouvelle-Calédonie où fut transporté Fenayrou, sa femme étant restée en France dans une maison centrale.

— Fenayrou, me dit le Dʳ Offret, était d'une intelligence plus que limitée, mais surtout d'un caractère malheureux, sombre, inquiet, toujours mécontent de tout et de tous. Il

avait d'abord été placé à la pharmacie de Bourail, qui se trou.
vait le centre naturel de la colonisation pénitentiaire dont on
a bientôt abandonné l'essai. Il se rendit là tellement insupportable à tout le monde par ses plaintes et réclamations
qu'on l'envoya isolé comme passeur du bac à la station
presque déserte d'Houilou. — C'est là qu'il est mort vers 1887
d'un *cancer à l'estomac*.

On connaît les affinités de cette maladie avec les hypo-
chondres et atrabilaires...

Le Dr Offret me donna des renseignements non moins curieux sur un autre assassin célèbre, l'élève en médecine Lebiez, avec lequel il avait fait ses études au lycée de Nantes. —
Lebiez, dès le collège, était *épileptique*.

Dans le milieu sinistre et singulièrement propice où M. le
Dr Offret a dû passer ces quatre années, il n'a perdu aucune
occasion de poursuivre comme praticien son étude psychologique, demandant au constat des autopsies la confirmation
des indications diverses de l'asymétrie faciale, du développement des zygomas, de la proéminence des maxillaires et d'un
diagnostic tout nouveau des pilosités. Quand l'analyse céré-
brale ne rencontre pas la bouillie liquéfiée du jeune guillo-
tiné Menesclou, elle surprend généralement l'évolution au
moment où les plus graves désordres allaient se produire...

L'ensemble de ces observations concorde tout à fait avec
la théorie des professeurs Bernheim et Lombroso — si vivement attaqués par notre vieille école de médecine crimina-
liste, — à savoir que tout scélérat qui n'est pas greffé sur
un fou est inévitablement enté sur un idiot.

D'autre part, la mollesse que l'on reproche à nos jurys, surtout devant l'application de la peine suprême, cette mollesse,
toujours et partout croissante, ne serait-elle pas encore, avec
d'autres signes des temps, le gage symptomatique d'un prochain bouleversement de notre criminalité? La conscience
humaine a-t-elle longtemps encore à attendre que l'antique
formule : « *L'accusé est-il coupable?* » soit enfin remplacée
par : « *L'accusé est-il dangereux?...*

7

LA PREMIÈRE ÉPREUVE DE PHOTOGRAPHIE AÉROSTATIQUE

« Jamais rien n'égalera ce moment d'hilarité (*sic*) qui s'empara de mon existence. Lorsque je sentis que je fuyais la terre, ce n'était pas du plaisir, c'était du bonheur. Échappé aux affreux tourments de la persécution et de la calomnie, je sentis que je répondais à tout en m'élevant au-dessus de tout. A ce sentiment moral succéda bientôt une sensation plus vive encore : au-dessus de nous un ciel sans nuages ; dans le lointain l'aspect le plus délicieux...
« — O mon ami, disais-je à M. Robert, quel est notre
» bonheur !,.. Que ne puis-je tenir ici le dernier de
» nos détracteurs et lui dire : — Regarde, malheu-
» reux !!!... »

En ces termes émus s'exprime après son ascension

initiale le physicien Charles, — le premier, avec son compagnon Robert, que le gaz hydrogène enleva dans les airs.

Et à jamais pour tous ceux qui montèrent après Charles comme pour tous ceux qui monteront encore dans la nacelle d'un aérostat, invariablement, morale ou physique, la prestigieuse impression restera la même.

Libre, calme, comme aspiré par les immensités silencieuses de l'espace hospitalier, bienfaisant, où nulle force humaine, nulle puissance de mal ne peut l'atteindre, il semble que l'homme se sente là vivre réellement pour la première fois, jouissant dans une plénitude jusqu'alors inconnue de tout le bien-être de sa santé d'âme et de corps. Enfin il respire, dégagé de tous liens avec cette humanité qui achève de disparaître à ses yeux, si petite en ses plus grandes œuvres, — travaux de géants, labeurs de fourmis, — par les luttes et les meurtriers déchirements de son antagonisme imbécile. Comme le laps des temps écoulés, l'altitude qui l'éloigne réduit toutes choses à leurs proportions relatives, à la Vérité. En cette sérénité surhumaine, le spasme de l'ineffable transport dégage l'âme de la matière qui s'oublie comme si elle n'existait plus, volatilisée elle-même en essence plus pure. Tout est loin, soucis, amertumes, dégoûts. Comme tombent bien de là-haut l'indifférence, le dédain, l'oubli, — et aussi le pardon...

Mais une autre extase nous rappelle vers l'admirable spectacle offert à nos regards charmés.

Sous nous, comme pour nous faire honneur en accompagnant notre marche, la terre se déroule en un immense tapis sans bords, sans commencement ni fin, aux couleurs variées où la dominante est le vert, dans tous ses accents comme dans tous ses mariages. Les champs en damiers irréguliers ont l'air de ces « *couvertes* » en pièces multicolores mais harmoniques rapportées par l'aiguille patiente de la ménagère. Il semble qu'une inépuisable boîte à joujoux vient d'être répandue profuse par cette terre, la terre que Swift nous découvrit vers Lilliput, comme si toutes les fabriques de Carlsruhe avaient vidé là leur stock. Joujoux ces petites maisons aux toits rouges ou ardoisés, joujoux cette église, cette prison, cette citadelle, les trois habitacles où se résume toute notre civilisation présente. — Joujou bien plus encore ce soupçon de chemin de fer qui nous envoie de tout en bas son aigre petit cri de sifflet comme pour forcer notre attention, et qui tout mignon file si lentement — pourtant avec ses quinze lieues à l'heure — sur son rail invisible, panaché de sa petite aigrette de fumée... Et qu'est cet autre flocon blanchâtre que j'aperçois là-bas flottant par l'espace : la fumée d'un cigare? — Non, un nuage.

C'est bien en effet le planisphère, car nulle perception des différences d'altitudes. Tout est « *au point.* »

7.

La rivière coule au niveau du sommet de la montagne ; pas de disparité perceptible entre les champs de luzernes également arasés avec les hautes futaies des chênes séculaires.

Et quelle pureté de lignes, quelle extraordinaire netteté d'aspect par les exiguïtés de ce microcosme où tout nous apparaît avec l'exquise impression d'une merveilleuse, ravissante propreté ! Pas de scories ni de bavures. Il n'est tel que l'éloignement pour échapper à toutes les laideurs...

*
* *

L'invitation à l'objectif était là plus que formelle, impérative, et, si intense que fût notre absorption poussée jusqu'au vague du rêve, en vérité il eût fallu n'avoir jamais entr'ouvert la porte d'un laboratoire pour que nous ne fussions aussitôt traversés de la pensée de photographier ces merveilles.

Et comme le hasard voulut que je fusse apparemment le premier photographe enlevé sous un ballon, ainsi se trouva m'échoir une priorité qui eût pu appartenir aussi bien à tout autre.

*
* *

J'avais tout d'abord entrevu ici deux applications des plus intéressantes.

Au point de vue stratégique, on n'ignore pas

quelle bonne fortune est pour un général en campagne la rencontre d'un clocher de village d'où
quelque officier d'état-major dressera ses observations.

Je portais mon clocher avec moi et mon objectif
pouvait successivement et indéfiniment tirer des positifs sur verre que j'envoyais directement de ma
nacelle au quartier général, au moyen d'un factage
des plus simples : petite boîte glissant jusqu'au sol
le long d'une cordelle qui me remontait au besoin
des instructions.

Ces images immédiatement agrandies par projec-
tions sous les yeux du général en chef lui présente-
raient l'ensemble de son échiquier, constatant au
fur et à mesure les moindres détails de l'action et
lui assurant toute préexcellence pour conduire sa
partie.

Puis — *cedant arma !* — je passais à une autre
besogne non moins capitale.

*
* *

Jadis, en Bretagne, quand il y avait un partage de
biens entre deux familles, les parents de chaque côté
amenaient sur place les petits enfants. On plaçait
les bornes indicatives, et aussitôt de se précipiter
sur les petits et de les combler d'une grêle de tor-
gnoles : « — Ainsi la mémorable raclée que vous
venez de recevoir vous rappellera à jamais cette

journée et à quelle place à jamais respectée les bornes ont été posées. »

Ce procédé mnémonique un peu primitif a été depuis longtemps abandonné ; mais par quoi l'avons-nous remplacé ?

« Cette œuvre gigantesque du cadastre, me disais-je, avec son armée d'ingénieurs, d'arpenteurs, de chaîneurs, de dessinateurs, de calculateurs, a demandé plus d'un milliard et plus d'un demi-siècle de travail — pour être mal faite.

» Cette année, aujourd'hui, je puis, moi tout seul, l'achever en trente jours — et parfaite.

» Un bon aérostat captif, un bon appareil photographique, voilà mes seules armes.

» Plus de triangulation préalable, péniblement échafaudée sur un amas de formules trigonométriques ; plus d'instruments douteux, planchettes, boussoles, alidades, graphomètres ; plus de chaînes de galériens à traîner à travers les vallées, les collines, les terres labourées, les vignes, les marais : nous n'avons plus à déranger les gens chez eux.

» Plus de ces travaux incertains, préparés sans unité, poursuivis et achevés par à peu près, sans cohésion, sans contrôle ni garantie, par un personnel insurveillé auquel le billard du bourg prochain peut faire parfois oublier les heures de travail.

» Miracle ! moi qui ai professé toute ma vie une haine de la géométrie qui n'a d'égale que mon horreur de l'algèbre, je produis avec la rapidité de la pensée des plans plus fidèles que ceux de Cassini, plus parfaits que les cartes du Dépôt de la guerre !

» Et quelle simplicité de moyens ! Mon ballon maintenu captif à une hauteur toujours égale sur chacun des points déterminés à l'avance, je relève automatiquement d'un coup la surface d'un million de mètres carrés, c'est-à-dire de cent hectares. Et comme dans une seule journée je puis parcourir quelque dix stations, je lève en un jour le cadastre de mille hectares ! »

*
* *

Quel triomphe !

A l'avenir — grâce à moi ! — plus de contestations, plus de litiges — même au pays normand.

Et au point de vue privé du *business* qu'on me permettra peut-être de ne pas tout à fait oublier, j'entrevois déjà l'aimable perspective d'un légitime profit, lequel, bien gagné, ne sera pas de ceux qu'on dédaigne.

Je me suis renseigné.

L'Angleterre n'a pas de cadastre. Tout au plus un état civil de la propriété domaniale.

Rien en Russie, rien en Italie, rien en Espagne, rien partout.

Chez nous-mêmes, en France, si tous nos départements moins la Corse sont cadastrés, la besogne a été faite de telle façon que nombre de localités de

la Seine, de l'Eure, etc., viennent de se décider à
faire tout recommencer. Pour trois ou quatre départements, ces réfections ne vont pas coûter moins de
six cent mille francs au budget, sans compter les
centimes additionnels que s'imposent extraordinairement les communes. — Sur ce tout petit point
seulement, près d'un million par an !

Et tout le reste !... — C'est à donner le vertige.
L'imagination travaille...

Mais, malgré son aspect alléchant, ce côté « business » n'est pas celui qui m'occupe surtout, et je
dois ici l'aveu complet :

— au plus fin fond de moi, je me surprends à
m'exalter quelque peu à cette pensée que l'année 1855
ne sera peut-être pas trop indigne de son aîné
l'an 1783 et que je vais avoir, le premier, l'honneur
de réaliser deux nouvelles et des plus précieuses applications de la découverte française de nos Montgolfier...

Certitude absolue d'ailleurs, — car qui pourrait
empêcher mon objectif de me rendre ce que, comme
mon œil, il voit? Et s'il lui arrive de s'égarer dans
l'excentricité de quelque déformation, rien ne me
semble plus facile que de faire redresser mathémati-
quement par un $m\,n\,B\,2$ quelconque ses aberrations
de sphéricité.

Reste l'inconvénient de la mobilité de ma nacelle, si captive qu'elle soit, de par tous ses mouvements, d'arrière en avant, d'avant en arrière, de

gauche ou de droite, de haut en bas et de bas en haut, sans omettre les giratoires. — Mais toutes mes précautions sont prises et, bien que nous n'ayons encore ni le gélatino-bromure ni les ingéniosités toujours victorieuses du glorieux Grand-Prêtre de l'Instantané, notre ami Marey, je ne veux pas douter que l'éloignement des objectivités me fera la tâche facile.

Et sans creuser autrement loin, passant immédiatement comme toujours du rêve à l'action, je cours inscrire mon brevet.

(En aurai-je pris, de ces brevets ! — et pour quoi faire !...)

*
* *

Mais dans Photographopolis déjà le bruit s'est répandu, et, avant d'être éclose, la photographie en ballon agite notre petit monde. Les amis accourent.

Ce qui est aujourd'hui — quelque trente-cinq ans après — un travail courant, élémentaire, à la portée du dernier servant de laboratoire, semble alors à tous inexécutable, invraisemblable. Il est toujours à répéter, le mot de Biot :

« — Rien de plus facile que ce qui s'est fait hier, rien de plus impossible que ce qui se fera demain. »

Les praticiens hochent la tête, et ceux-ci ne sont pas des moindres : tout l'état-major. C'est Bertsch qui a quitté son laboratoire astronomique pour m'affirmer que je vais tenter l'irréalisable. Bisson l'aîné confirme ; le brave Legray me dit : « — Tu vas dépenser l'argent que tu n'as pas et te casser le cou que tu as, pour rien ! » — et mon excellent maître Camille d'Arnaud me supplie de rester tranquille.

Mais qui ou quoi pourrait m'arrêter une fois parti dans un de mes emballements ?...

J'ai déjà nolisé un ballon, plus un membre de la tribu des Godard pour la manœuvre, — et jour est pris.

*
* *

Fiévreusement j'ai disposé l'organisation du laboratoire que j'ai à installer dans ma nacelle, car nous n'en sommes pas encore aux temps bénis où nos neveux emporteront un laboratoire dans leur poche et nous devons faire là-haut notre cuisine. — Aussi toute notre batterie est là, à son poste. Et il ne faut rien oublier, car il ne sera pas commode de descendre et remonter trop souvent.

La nacelle, aussi spacieuse que peuvent le comporter les six cents mètres cubes de l'aérostat qui n'a à enlever avec ses câbles d'attache que mon préparateur et moi, a été aménagée à la perfection. Tout y est méthodiquement sous la main, casé ou appendu en place. Nous sommes là comme chez nous, et Bertsch tout de suite échangerait contre notre laboratoire aérien son étroite guérite de la rue Fontaine-

Saint-Georges, vrai fourreau de parapluie d'où il lutine ses planètes.

Au cercle de l'aérostat est appendue la tente, imperméable au moindre rayon diurne avec sa double enveloppe orange et noire, et sa toute petite lucarne de verre jaune aphotogène qui ne me donne que juste la lueur nécessaire. — Il fait chaud là-dessous, pour l'opérateur et pour l'opération. Mais notre collodion et nos autres produits ne peuvent s'en douter, plongés dans leurs bains de glace.

Mon objectif verticalement amarré est un Dallmeyer, c'est tout dire, et le déclic de la guillotine horizontale que j'ai imaginée (— encore un brevet ! —) pour le découvrir et le réopturer d'un trait, fonctionne impeccablement.

Enfin j'ai au mieux possible paré aux mouvements de la nacelle : notre force ascensionnelle est telle que nos câbles d'attache, partant non de la nacelle, mais de l'équateur de l'aérostat, sont tendus à demander grâce où à faire éclater l'enveloppe du ballon. Je n'opérerai d'ailleurs que par un temps calme, et si l'élasticité de mes cordages se fait sentir à ma hauteur disposée de trois cents mètres, je réduirai à deux cents, à cent : — il faut réussir.

*
* *

Enfin, tout y est, tout est prêt !
Je monte...

8

— Première ascension ; résultat — 0 !...

— Seconde ascension : — rien ! !...

— Troisième ascension : — néant ! ! !...

J'avais été d'abord étonné, — puis inquiet : — me voici atterré...

Que se passe-t-il?...

**

Et je monte, remonte et remonte encore, toujours, — sans plus de succès.

A chaque nouvel échec, j'ai beau chercher, voir encore et revoir : rien n'a été oublié ni négligé, rien ne pèche. Dix fois, vingt fois, mes bains ont été filtrés, refiltrés, remplacés, tous mes produits changés.

Comment peut-il se faire qu'invariablement, inexorablement, je n'obtienne qu'une série de plaques voilées, d'un noir de suie, sans un indice, un soupçon d'image? D'où vient que, comme sous un sort jeté, je ne puisse sortir de ces glaces opaques, fuligineuses, de cette nuit qui me poursuit?

— « Les autres » auraient-ils eu raison?

Impossible. Jamais je n'admettrai de l'objectif qu'il ne me *rende* point ce qu'il *voit*. — Évidemment il ne peut y avoir, il n'y a là qu'un accident de laboratoire jusqu'à présent inexpliqué, accident qui se prolonge cruellement, certes, et s'acharne au delà du vraisemblable, — mais dont j'aurai raison !

Je n'en démordrai pas : coûte que coûte, je poursuivrai mes ascensions jusqu'à ce que j'en aie le cœur net.

*
* *

Mais — coûte que coûte — est bientôt dit. Chacune de ces ascensions successives, pour moi tout seul agencées, coûte cher et épuise mes ressources plus que maigres; tout ce que je gagne, ce que j'ai passé là, et les billets de mille y filent vite...

Encore voici venir la saison d'hiver, peu propice à mes tentatives. — Me va-t-il donc falloir rester sous ma honte d'être battu et me ronger les poings jusqu'au printemps prochain, attendant de recommencer?

Une fois, encore une fois, essayons! — Et de tout mon effort d'application, de toute la concentration de ma volonté, cette fois dernière, je tente....

— Encore rien, rien, rien !!!
Un ensorcellement !!!

*
* *

A chacune de ces ascensions, lorsque, ne pouvant me dépêtrer de la série noire, j'arrivais de guerre lasse à remettre nouvel essai à la fois prochaine, je ne manquais pas, comme on peut croire, un beau « *Lâchez-Tout !* » m'offrant au moins comme consolation et dédommagement la jouissance d'une ascension libre. Tel le pâtissier, faute de pratiques, mange son fonds.

Cette fois suprême, m'obstinant, j'avais prolongé plus tard qu'aux montées précédentes ma lutte inutile, et le jour tombait avec nous lorsque nous descendions, tout près de Paris, dans un vallon ignoré, alors à peu près désert et charmant, qu'on appelle Petit-Bicêtre.

Il n'y avait pas de vent. Nous venions de nous asseoir mollement à côté d'un gros pommier. Le Godard de manœuvre se disposait à vider et plier son ballon :

— Arrêtez !...

Je viens d'être traversé d'une idée : — pourquoi demain matin encore ne tenterais-je pas l'éventualité quelle qu'elle soit, puisque je suis là, tout porté? Les frais sont faits, le gaz payé, et, mon appendice bien clos, il n'y a pas de danger que ce gaz s'échappe en dilatation pour cette nuit, car déjà le froid pique. — Je vais donc laisser le ballon sur place, bien amarré à cet honnête pommier et sous bonne garde d'ailleurs, charger de pierres meulières ma nacelle et envoyer sur Paris mon préparateur qui m'apportera d'autres produits tout neufs.

— Une nuit est bientôt passée, même à Petit-Bicêtre — et qui sait si demain matin, enfin?...

*
* *

Dès l'aube je suis debout. Le temps est couvert, il tombe une bruine grise et glaciale. Décidément je ne suis pas favorisé.

Mais voici bien autre chose : je n'aperçois plus

mon ballon !!!.... — Si, le voilà ! Mais en quel état ?

Ce ballon auquel nous avons dit bonsoir il y a quelques heures, droit et fier alors sur son pédoncule comme un champignon majestueux, je le retrouve tassé sur lui-même, affalé, avachi. Le froid de la nuit a condensé son gaz, et en outre le filet, les manœuvres sont alourdis par cette petite pluie fine, si inopportune. La guigne s'acharne. Vais-je pouvoir m'enlever seulement ?

La nacelle est vidée des meulières. Pendant qu'on la maintient sans peine, je la déménage du laboratoire si précieusement installé, de la tente, de tout, même de ma fameuse guillotine horizontale (— à brevet ! —) que ma main suppléera : je n'emporterai avec moi que ma chambre noire et ma glace préparée sous châssis.

Je prends place dans le panier : il fait à peine un demi-tour sur lui-même sans quitter le sol, comme découragé et renonçant à trop gros effort.

Dans ce presque rien, il y a pourtant une petite indication ascensionnelle et il est évident qu'un très faible allègement va suffire pour me faire monter, car ce pesage de quintaux est en somme aussi délicat et sensible que celui des centigrammes sur le trébuchet du pharmacien.

Il n'y a pas à hésiter : je vais m'alléger en détachant ma nacelle : je me cramponnerai au cercle. Encore, bien qu'il fasse frais, je quitte mon paletot, d'abord, que j'abandonne à terre, puis mon gilet,

8.

puis mes bottes, puis.... — mais puis-je dire cela,
et comment le dire ? débarrassé de tout quant à l'extérieur (— il n'y a pas de dames ?... —), je me dé-
leste encore moi-même de *tout* ce qui peut me sur-
charger — et je m'enlève .enfin, à quatre-vingts
mètres environ... — J'ai aussitôt ouvert et refermé
mon objectif et je crie impatient :

— Descendez !

On me tire, à terre. D'un bond je saute dans l'auberge où tout palpitant je développe mon image...

Bonheur ! — Il y a quelque chose !....

*
* *

J'insiste et force : l'image peu à peu se révèle,
bien indécise, bien pâle, — mais nette, certaine....

Je sors triomphant de mon laboratoire improvisé.

Ce n'est qu'un simple positif sur verre, très faible
par cette atmosphère si brumeuse, tout taché après
tant de péripéties, mais qu'importe ! Il n'y a pas à
nier : — voici bien sous moi les trois uniques maisons du petit bourg : la ferme, l'auberge et la gen-
darmerie, ainsi qu'il convient dans tout Betit-Bi-
cètre conforme. On distingue parfaitement sur la
route une tapissière dont le charretier s'est arrêté
court devant le ballon, et par les tuiles des toitures
les deux pigeons blancs qui venaient de s'y poser.

J'avais donc eu raison !

*
* *

Mais comment, pourquoi, ai-je donc pu, seulement cette fois désespérée, obtenir ce qui m'avait été jusque-là refusé si implacablement?

La lumière d'un coup se fait, et j'ai enfin l'explication que, plus sagace que moi, mon lecteur praticien a déjà pu deviner.

Cette fois, n'ayant pas de gaz à perdre, je suis monté avec l'appendice *fermé*, — cet appendice que la prudence élémentaire de tout aéronaute laisse toujours ouvert, béant, à chaque départ, pour donner issue à l'excédant du gaz qui se dilate à mesure que le ballon monte et prévenir ainsi l'explosion.

Or, à chacune de mes montées, cet appendice fusant vomissait à flots par mes bains l'hydrogène sulfuré : iodure d'argent avec sulfure d'hydrogène, méchant ménage irrémissiblement condamné à ne jamais donner d'enfants. En n'imposant pas ici dès la première rencontre le divorce immédiat, j'avais assurément mérité de payer plus cher encore mon manque d'observation et de déduction.

Mais si j'ai eu des torts, je me les pardonne, tout joyeux d'avoir enfin « rompu le sort ».

L'explication de mes méfaits maintenant révélée, je suis, en toute quiétude, bien certain d'obtenir là-haut tous les parfaits clichés que je voudrai, de prouver aux plus savants que j'avais contre eux

raison, — et un fils pourra dire que son père a eu,
premier, l'honneur de réaliser la photographie
aérostatique. — Il fera autre chose encore, plus et
mieux : — « la première préoccupation d'un père,
m'écrivait l'excellent cousin Charles, doit être de
laisser un fils qui vaudra mieux que lui. »

*
* *

Et à tout venant j'arbore mon cliché si imparfait
qu'il soit, expliquant les comment et pourquoi,
transporté.... — Mais quel nouveau coup de foudre
le soir même de ce beau matin-là !

Un ami m'arrive à l'heure de la soupe. Naturellement il n'est pas entré que je lui ai déjà montré
le fameux cliché, et tout bouillant, avec mon lyrisme
habituel quand j'ai enfourché un dada nouveau, je
lui raconte et ma théorie et mes acharnés ratages,
et leur explication, et mon expérience du matin et
mes espérances (— brevetées !).....

Et alors l'ami — de glace :

— Mais, mon pauvre bonhomme, c'est connu, ton
affaire, archiconnu ! Tu n'es pas du tout le premier.
J'ai lu tout cela, il n'y a pas huit jours, imprimé au
long.... Le livre est très curieux. Il est d'un Monsieur.... Monsieur.... attends donc ! — un Monsieur
qui a eu des rapports avec l'air comprimé.... Monsieur... Andraud ! — C'est cela : Monsieur Andraud !
Et même *il y avait* à l'exposition de cette année des
photographies obtenues de la nacelle d'un ballon...

*
* *

Le coup est dur ! ! !...

Au coup de sonnette, déjà on est parti dans deux directions, courant à la recherche du livre que j'ai telle soif de voir...

On me l'apporte enfin : — c'est qu'il a l'air tout honnête, avec son apparence modeste, ce scélérat de livre !

EXPOSITION UNIVERSELLE DE 1855

UNE DERNIÈRE ANNEXE

AU

PALAIS DE L'INDUSTRIE
Sciences Industrielles, Beaux-Arts, Philosophie

PAR

M. ANDRAUD

La science du pouvoir est de bien
user du pouvoir de la science.

NAPOLÉON Iᵉʳ.

PARIS

GUILLAUMIN ET Cⁱᵉ LIBRAIRES
Éditeurs du Journal des Economistes, de la Collection
des principaux Economistes du Dictionnaire
de l'Economie publique, etc.
14, RUE RICHELIEU, 14
ET CHEZ L'AUTEUR, RUE MOGADOR, 4
1855

Je feuillette, fiévreux, — et j'arrive à la page 97...

Ça y est ! ! !

TOPOGRAPHIE

N° II. Arpentage au daguerréotype.

Le livre me tombe des mains...

Comment n'avais-je pas lu cela ?... Quelle belle paternité perdue !... — sans parler de tous les billets de mille jetés là...

Péniblement désappointé, j'ai repris le livre et je parcours...

Tout à coup :

— Mais, animal ! m'écriai-je, tu ne sais donc pas lire !

« L'animal » (— c'est mon ami, —) n'avait pas su lire, en effet, ou plutôt, comme tant d'autres, il n'avait lu qu'avec ses yeux.

Le livre du savant ingénieur était un livre de pure fantaisie scientifique : cette *Annexe* de l'Exposition, c'était M. Andraud à lui seul qui l'avait construite, magnifiquement, il faut le dire, sans y ménager davantage les millions que s'il eût été l'État, Pereire ou Rothschild, — et le prodigue et transcendant rêveur avait entassé là tous les trésors fantastiques mais non moins précieux, tous les *desiderata* accumulés dans sa féconde et triple imagination de savant, de poète, d'homme de bien.

On y trouvait successivement exposé, expliqué et décrit, tout ce qui manque encore en nos besoins de civilisés — et dont partie est réalisée aujourd'hui :

— l'escalier automoteur,

— la brouette à charge équilibrée,

— un système définitif de pavage,

— les auvents couvre-trottoirs,

— la végétation instantanée,

— le filtre universel,

— les viandes végétales,

— la réforme du vêtement,

— un nouveau combustible,

— l'horloge à air,

— la force motrice universelle,

— le plan normal d'une maison,

— le théâtre de la science,

— la propagation illimitée du son (— Edison, attention !...),

— *l'arpentage au Daguerréotype*, etc., etc., etc.....

— et toute une foule d'autres ingéniosités semées à pleines mains, sans précautions ni brevets d'aucune sorte. Que lui faisait d'être volé, à ce millionnaire de l'idée !

L'alarme avait été pour moi si chaude que je voulus voir le terrible homme qui l'avait causée, ce qui me donna l'occasion de faire connaissance avec un esprit tout à fait supérieur et en même temps avec le plus modeste et le plus sympathique des hommes. — C'est malheureusement sur une tombe que je dépose cette couronne en respectueux et affectueux souvenir.

Je n'ai jamais eu le loisir ni la curiosité de cons-

tater si le livre de **M.** Andraud avait paru avant ou
après ma prise de brevets.

Peu m'importait : je savais maintenant que son
auteur était par lui-même trop cossu pour avoir eu
besoin de me rien prendre et j'étais, quant à moi,
bien sûr de ne lui avoir rien pris.

Il y a à certaines heures des synchronismes endé-
miques pour la pensée humaine, aux moments où
notre imaginative se trouve mise en demeure de
répondre à nos besoins. C'est à ce propos qu'il a
fallu formuler le dicton : *cette idée était dans l'air*.

*
* *

Dès les premiers jours du printemps suivant, —
1856, — j'obtenais à premier essai cette fois, avec
une douzaine d'autres points de vue, un cliché de
l'avenue du Bois de Boulogne, avec l'amorce de
l'Arc de Triomphe, la perspective des Ternes, Batignolles, Montmartre, etc.

Ce cliché affirmait *premier* (1), malgré son imper-

(1) Une honorable Revue scientifique — *les Inventions nouvelles* — s'est laissé surprendre par un de ses rédacteurs qui
affirme tout net que le premier cliché aérostatique a été
obtenu *en* 1881 — par M. Paul Desmarets.

L'incontestable notoriété de notre épreuve, qui avait figuré
à plusieurs expositions *bien avant* 1881, et la date de nos brevets
répondaient d'avance à cette assertion inattendue, sans qu'il
soit besoin de renvoyer à l'année du *Charivari* où chacun peut
retrouver la lithographie de Daumier reproduite sur la couverture de ce livre.

fection, la pratique possibilité de la Photographie aérostatique : c'était avant tout ce que j'avais visé.

Quant à l'application cadastrale, mon très éminent ami le colonel Laussedat m'en expliqua l'impossibilité.

Ma rétivité native, absolue, devant tout ce qui est sciences exactes m'empêchait quelque peu de suivre l'explication ; mais devant l'affirmation d'une telle autorité, je n'avais qu'à m'incliner — et je m'en tins là.

Depuis j'ai eu la satisfaction de voir quantité de magnifiques épreuves aérostatiques couramment obtenues par Paul Nadar, les frères Tissandier, Ducom, etc., par nombre d'autres encore — et jusque par les trop obstinés cornacs qui s'entêtent en l'École aérostatique de Meudon à l'élève des poissons volants qui ne volent pas...

PARIS SOUTERRAIN

(Premiers essais de photographie aux lumières artificielles.)

Quatre fois l'an, Madame, sur le coup de midi, il peut vous arriver d'assister à un rendez-vous assez étrange, pris souvent plusieurs mois à l'avance, entre quatre à cinq cents personnes qui ne se connaissent pas.

Vous les voyez une à une ou par deux, trois et quatre, converger à l'heure dite par les boulevards anciennement extérieurs et la rue d'Enfer — aujourd'hui Denfert-Rochereau — vers une façon de petit Temple à colonnes doriques, où veillait l'octroi de l'antique barrière. Ces gens, d'un sexe et de l'autre, portent tous à la main un petit paquet comme en signe de ralliement. Plusieurs brandissent, non sans quelque fierté contenue, une lanterne

qu'un ou deux ont même arborée à la boutonnière,
en manière d'insigne décoratif.

Les uns affectent l'allure grave et même recueillie ;
les autres rayonnent d'une gaîté un peu trop en
dehors pour ne pas sembler voulue. Tous ont la
physionomie spéciale, mystérieuse et légèrement
suffisante, de personnages auxquels quelque mission
secrète et non sans importance aurait été confiée.
Au surplus il ne nous tombe pas tous les matins une
occasion d'être solennel.

Par la porte du petit Temple, ils disparaissent les
uns après les autres, sous terre.

Ces élus vont visiter les Catacombes. Les diverses
administrations publiques auprès desquelles ils ont
sollicité, dans les termes du vocabulaire très respectueux, cette « faveur » qui appartient de droit à tout
le monde et ne se refuse à personne, profitent de
l'occasion des quatre visites réglementaires annuelles
pour se débarrasser par fournées de ces solliciteurs
sans ambition.

Vous ne connaissez pas les Catacombes, madame ;
permettez-moi de vous y conduire, Veuillez prendre
mon bras et — suivons le monde !

*
* *

Dans la cour d'aspect un peu négligé où nous
voici, la compagnie déjà nombreuse entoure le puits
et surtout l'espèce de petite poterne en pierre par

laquelle nous descendrons tout à l'heure. Nous avons autour de nous les divers spécimens du genre Curieux, — le curieux insatiable et le curieux indifférent, voire dédaigneux, le sérieux, le goguenard, l'éloquent et le taciturne. Voici, espèce rare, le Parisien familier avec Paris, qui connaît sur le bout du doigt son Musée d'artillerie et pour qui la manufacture des Gobelins n'a pas de secrets, à côté du vrai Parisien autochtone qui ne donne un coup d'œil à son Paris que lorsqu'il lui échoit un visiteur départemental. Voici encore en appoint le public spécial qui s'abonne au *Père La Chaize illustré*, le même qui achetait jadis *les Ruines* de Volney et *les Nuits d'Young* aux temps héroïques où nous lisions tout, même Young et Volney. Voici enfin l'inévitable ban d'Anglais excursionnistes.

Ce monde est nécessairement un peu mêlé et on s'y familiarise vite avec son voisin ; il n'est tel que l'approche du danger pour rapprocher les distances et pousser à la fraternité. Chacun se dispose, allumant sa lanterne. Les rires qui éclatent çà et là, assez forcés, et quelques mines effarées témoignent, à la gloire du cours de littérature de Noël et Chapsal, que tout le monde n'a pas encore oublié l'infortuné mortel égaré dans les Catacombes et par aggravation de peine mis en vers par l'abbé Delille. Cet autre brave qu'on entoure a prudemment emporté, comme en cas pour un hivernage, deux livres de bougies, un pain de quatre livres et une provision de chocolat ;

pour un rien, en réfléchissant, si seulement il croyait
encore avoir le temps, il courrait doubler ses munitions. Mais je ne jurerais pas que le farceur qui se
moque plus haut que les autres de notre pèlerin pré-
cautionné ne recèle, si on le fouillait bien au fond
de ses poches, quelques pelotes de ficelle en souvenir de Thésée, l'homme au labyrinthe. Le classique
est éternel.

Vous ne doutez pourtant pas, madame, vous qui
êtes brave comme un homme — brave, — que dans
ces visites réglementaires il ne saurait y avoir
l'ombre d'un danger. A la queue leu leu, nos
excursionnistes, comptés à l'entrée pour être re-
comptés à la sortie, n'ont qu'à défiler en sécurité
parfaite par l'itinéraire restreint qui leur est con-
féré dans l'ossuaire, sous la surveillance des
hommes de garde en sentinelle à chaque fausse
issue. Tout autre assurément pourrait être sans
ces précautions l'issue de l'entreprise par cet
immense enchevêtrement de carrières romaines
d'où notre Lutèce est sortie du troisième au hui-
tième siècle et qui se replient en milliers de méan-
dres des deux côtés de la Seine, de Vaugirard à
Charenton, de Passy à Ménilmontant.

*
* *

Mais la poterne s'est ouverte. Chacun s'engouffre
peu à peu par l'étroit escalier au tournant rapide.
Vous plaît-il d'apprendre que cette entrée, la plus

pratiquée, est l'une des soixante que comptent dans
Paris les Catacombes et aussi que son escalier a
quatre-vingt-dix marches? Je veux croire que ces
statistiques ne vous intéressent guère plus que moi.

Je ne sais, d'ailleurs, pour commencer, qui pourrait se charger d'énumérer au juste les six à sept
millions de squelettes que plus de dix siècles nous
ont ici légués, mine inexploitée de phosphate de
chaux et de nitrate de potasse.

Enfin nous voici en bas de l'interminable et glissant escalier. Suivant les premiers de notre monôme,
suivis des autres, nous cheminons par une étroite
galerie aux parois suintantes et dont la voûte écrasée
fait courber les plus hauts. La monotone procession
se prolonge et, pour la rendre plus désagréable par
ces viscosités, l'odeur fumeuse de cette théorie de
bougies — encore n'y a-t-il pas quelque chandelle
arriérée? — se condense et fige dans ce long corri-
dor sans air.

Mais l'espace se fait plus large autour de nous.
Une porte nous apparaît : au-dessus l'inscription :

MEMORIÆ MAJORUM

et des deux côtés :

HAS ULTRA METAS REQUIESCUNT,
BEATEM SPEM EXPECTANTES

C'est ici. Nous pénétrons dans l'ossuaire.

*
* *

Entre les piliers de pierre de taille sommairement équarris, arrivés à propos pour préserver
cette partie méridionale de Paris des éboulements
qui s'y produisaient trop souvent, sont rangés
dans un ordre parfait — (on dirait l'immense chan-
tier d'un marchand de bois méticuleux —) tous les
ossements recueillis, depuis 1785 surtout, dans les
cimetières supprimés, les anciennes églises et les
fouilles qui ont sous le second Empire retourné de
fond en comble grande partie du sol Parisien. Depuis les Césars et les invasions des Normands jusqu'aux derniers bourgeois et manants extraits
en 1861 du cimetière de Vaugirard, tout ce qui a
vécu et s'est éteint dans Paris dort ici, viles multitudes et grands hommes acclamés, saints canonisés
et criminels suppliciés en place de Grève. Dans l'é-
galitaire confusion de la mort, tel roi Mérovingien
garde l'éternel silence à côté des massacrés de septembre 92. Valois, Bourbons, Orléans, Stuarts,
achèvent de pourrir au hasard, perdus entre les ma-
lingreux de la Cour des Miracles et les deux mille
« de la religion » que mit à mort la Saint-Barthé-
lemy.

Mais le néant de la chose humaine ne serait pas
complet et le niveau de l'éternité veut plus encore :
ces squelettes pêle-mêlés sont eux-mêmes désagré-

gés, dispersés à ne jamais plus se retrouver pour se réunir au Jugement du jour dernier. Par la main des manœuvres spéciaux attachés à l'année à ce service, les côtes, vertèbres, sternums, carpes, tarses, métacarpes et métatarses, phalanges, etc., tout le menu des os, sont refoulés, tassés en masses plus ou moins cubiques sous les cryptes, — en *bourrages*, comme on dit ici, — et maintenus à l'avant par des têtes choisies dans les mieux conservées : — ce que nous appelons les *façades*. L'art des terrassiers combine ces chapelets de crânes avec des fémurs disposés en croix dans certaines dispositions symétriques et variées, et nos décorateurs funéraires s'y appliquent — « de façon à rendre l'aspect intéressant, *presque agréable* », dit ce bon Dulaure, évidemment séduit, et que M. Paul Fassy, dans son très intéressant travail sur les Catacombes, a quelque raison de traiter de « partial ».

Ainsi, les crânes qui composent cette « façade » devant laquelle nous passons proviennent de la rue de la Ville-Levesque où furent jetés en commun une partie des exécutés de 1793. Parmi eux, incontestablement, se trouve Philippe-Égalité, duc d'Orléans. — Lequel?...

Et ce verset du premier livre de saint Luc, fatal comme une sentence, est-ce le seul hasard qui le choisit pour être ici gravé :

DEPOSUIT POTENTES DE SEDE ET EXALTAVIT HUMILES

Il est établi que tous sont là en leurs fragments mêlés : sainte Geneviève et Mirabeau, Marat avec Nicolas Flamel « et son épouse », saint Vincent de Paul et le cardinal Dubois, Marguerite de Bourgogne avec le Prévôt Marcel, Perrault, l'architecte conteur, le maréchal d'Ancre, Voiture, Cassini, Benserade, saint Médéric, Gauthier Garguille, Malherbe, Gassendi, Philippe de Champaigne, Lulli, Rabelais, Commines, etc., etc. Frédégonde repose peut-être entremêlée avec mademoiselle de la Vallière et mademoiselle de Scudéri par le fouillis de Turlupin entre Pichegru et l'abbé Santeuil.

C'est le défilé des grands noms de France comme celui des petits. Pas une de nos vieilles familles qui n'ait à réclamer là quelqu'un des siens, Condés et Contis, Soyecourt et Vendôme, Larochefoucault, Créqui, Rohan, Montmorency, Villars, Blacas, Brancas, Noailles, Du Lau, La Trémoïlle, Nicolaï, Luxembourg, Molé, etc., etc., gisant de çà et de là à trace implacablement perdue par l'innombrable encombrement des plus humbles, des anonymes, les Durand, Legrand, Petit, Lemaître, Berger, Lenoir ou Leblanc.

Ce fragment que votre pied vient de heurter, ce débris sans nom, un de vos grands-pères, une grand' mère peut-être, madame. — Et cela a aimé, cela a été aimé...

Quelle vanité humaine, quel orgueil pourrait tenir devant cette inéluctable promiscuité finale de nos poussières, lorsque, hier, la mâchoire d'un cardinal Richelieu courait les marchands de bric-à-brac suivie à la piste par les reporters, — quand, pièces en main, m'affirmait un érudit des plus sérieux, la Chapelle Expiatoire, ce pèlerinage vénéré des derniers fidèles, ne contiendrait pas vestige des reliques de Louis XVI, mais précisément les os détestés d'un Robespierre ? — Quel nobiliaire, quels titres, quels cartulaires, quels ·scellements ? — Cherche-le, ton glorieux matricule, par ces tas de tas sans fin, pauvre insensé !

On a décidé, depuis quelques années surtout, de distinguer les ossements des provenances diverses. Des inscriptions lapidaires indiquent que tel amas provient de Picpus, tel autre du couvent des Cordeliers ou du Marché des Innocents. Ces inscriptions alternent avec des versets latins de la Bible et des morceaux français, assez fâcheusement dépistés pour la plupart par une sélection tenace dans nos poëtes *minores*, Lemierre, Ducis, Delille déjà nommé et autres Campistrion.

Une petite source d'eau limpide et toujours de niveau dans sa cuve de pierre sert d'asile à cinq ou six petits poissons importés par la fantaisie d'un travailleur de l'endroit, qui vous les présente avec quelque orgueil. J'imagine que par les ténèbres quasi perpétuelles, ces poissons sont en train de devenir aveugles, comme les espèce à vision atrophiée que l'on trouve aux lacs souterrains et les insectes cavernicoles. — Au-dessus de la source :

SICUT UNDA DIES NOSTRI FLUXERUNT

C'est assurément là l'une de ces pensées profondes auxquelles Bourdaloue ni même M. Prudhomme ne trouveraient moyen de dire non.

Plus loin, mais hors de l'ossuaire, est un puits très large et profond, dans lequel on est irrésistiblement tenté de descendre par les larges marches. — Seulement, se défier : — cette eau est d'une limpidité telle qu'on ne saurait la percevoir qu'au toucher et j'avertis que le bain de pieds est à la glace : j'y fus pris.

A côté, deux essais de sculpture architecturale, taillée dans le tuf :

QUARTIER DE CAZERNE (sic)
PORT SAINT PHILIPPE 1777,

disent les inscriptions de l'artiste. Ces travaux de patience qui ne porteront nul préjudice à la colonnade du Louvre, sont dus aux loisirs d'un ancien soldat nommé Décure qui avait, paraît-il, choisi là sa retraite, et que la tradition locale y fait périr, victime de son imprudence, sous un éboulement.

Voici encore, pour ne rien oublier, une lourde table pareillement taillée en pleine pierre et sur la-

quelle la même tradition veut que Charles X ait pris
une collation.

Des légendes sur des cippes témoignent qu'à cette
autre place sont réunies les victimes du

COMBAT AU CHATEAU DES THUILERIES (*sic*)
LE 10 AOUST 1792

puis ici, celles des COMBATS DE LA PLACE DE GRÈVE,
DE L'HOTEL DE VILLE, DE L'HOTEL DE BRIENNE ET DE
LA RUE MESLAY, LES 28 ET 29 AOUST 1788 — et là,
celles du COMBAT A LA MANUFACTURE DE REVEILLON, LE
28 AOUST 1789.

Cette autre inscription est plus saisissante encore
dans sa concision lapidaire :

D. M.
II et III
Septmbr.
MDCCXCII

Une pierre tombale, la seule que nous trouvions
ici recueillie parmi tant de milliers d'autres de plus
gros intérêt, se dresse encore pour nous apprendre
en prose et en vers qu'elle couvrit le corps de Fran-
çoise Gellain, femme Legros, qui aida l'évasion de
Latude.

Voici le sarcophage dit TOMBEAU DE GILBERT, où
Gilbert manque. Mais il ne saurait être bien loin.

10

Et l'autel provisoire où au moins une fois l'an, je suppose, une messe réglementaire doit être dite pour tant de trépassés, catholiques, huguenots, juifs ou même mahométans, en attendant toujours la chapelle spéciale que ne cessait de réclamer le ci-devant pamphlétaire Timon de Cormenin, jadis, funeste aux lapins de l'ancienne liste civile.

Ici la voie est barrée. Cet énorme amas d'ossements, éboulement dont le sommet perce la voûte, provient du puits de la rue de la Tombe-Issoire (— ou tout simplement *Tombissoire?* —) Par ce puits sont au fur et à mesure * déchargés tous les débris humains mis à jour dans les cimetières supprimés et les déblais pratiqués pour la création des voies nouvelles, puisque la mort elle-même ne peut nous garantir contre l'expropriation. Les hommes de l'ossuaire les entassent dans chacun de ces deux tombereaux qu'ils poussent une fois pleins devant eux vers les voussures vides encore qui attendent leur « bourrage ».

A côté du monceau, une petite bière toute fraîche neuve. Une carte récemment clouée, suscrite à la main, nous apprend que les restes qu'elle contient ont été désignés et réservés pour être ailleurs ensevelis. La décomposition par le tombeau n'a pas laissé grand'chose à garder, car c'est un vrai cercueil d'enfant.

* 1867.

Mais quoi ! parmi tant d'êtres, autrefois si chers, un seul évoqué ! Notre piété de la famille s'éteint-elle donc, elle aussi ? Et devant l'abandon conclusif et universel, n'y avait-il pas lieu pour les ordonnateurs de cette nécropole où tout vient s'évanouir jusqu'au souvenir des pères dans la mémoire des fils, de remplacer un des distiques de leurs Chenedollés d'élection par le cri déchirant qui s'échappe comme un sanglot de la poitrine du psalmiste :

« O vous qui fûtes mes amis, ayez pitié de moi ! »

*
* *

Et encore des ossements et des inscriptions encore, toujours triées dans le répertoire des *minores* et *minimi* académiques... — N'en avez-vous pas assez, madame? Le pittoresque s'épuise vite ici, les aspects ne sont pas variés, et nous tournerions toujours sur nous que nous n'en verrions pas davantage. Ce mot mystérieux — Catacombes — excite par lui seul une curiosité qui, datant de loin, a bien pris son temps de couver. Tout le monde n'a pas le loisir, l'occasion ou la pensée de descendre ici, — et c'était là raisons suffisantes pour y venir. Mais vous avez déjà trouvé comme moi que quelques pas dans ces souterrains et la curiosité est tôt satisfaite. C'est un de ces lieux où tout le monde veut être allé et où personne ne retournera.

Grimpons donc cet escalier qui semble à notre impatience plus interminable encore qu'à la descente, — et voici l'air suave du dehors, voici la lumière, le soleil, la Vie, qui chassent derrière nous comme un rêve pénible, pis encore, ennuyeux, le souvenir de cette excursion funèbre.

.   .   .   .   :   .   .   .   .

*
* *

Nous, maintenant, redescendons pour travailler.

Nous allons demander à notre objectif de se passer de la lumière diurne pour nous « rendre » ce qu'avec nous « il voit » : nous allons tenter *le premier essai* souterrain de la photographie aux lumières artificielles qui nous ont déjà si bien suppléé la lumière solaire dans notre atelier de portraits.

Mais, à cette place, ceci demande quelque explication.

X

La plupart de ces opérations que nous exécutons aujourd'hui couramment, en toute aisance, semblèrent, avant le premier essai, des impossibilités, parfois des défis au bon sens.

Comme dans ma tentative de photographie aérostatique, alors si vivement combattue et déniée par les plus compétents, je rencontrai plus d'un contradic-

teur lorsque je m'occupai de suppléer la lumière
diurne par les éclairages artificiels tout indiqués
pourtant dans la multitude de cas où la lumière
solaire fait défaut ou se trouve insuffisante. L'idée
conçue, je me mis aux préparatifs.

L'électricité se présentait d'abord pour les opérations suivies et le magnésium en certaines conditions. Mais à cette époque (1858) l'électricité était
encore bien loin des simplifications pratiques vers
lesquelles elle allait tout à l'heure marcher à pas de
géant. Nous n'avions pas les précieux accumulateurs
portatifs, ni les générateurs intermédiaires de Gau-
lard, ni toutes les autres facilités présentes, et nous
étions réduits à toutes les encombrantes incommo-
dités de la pile Bunsen. Pas de choix.

Je fis donc installer par un électricien expérimenté, sur une partie pleine de ma terrasse du boulevard des Capucines, cinquante éléments moyens
que j'espérais et qui se trouvèrent suffisants à me
fournir la lumière requise. Je passe sur les embarras
et difficultés de l'installation et des manipulations,
tout véniels en comparaison des empêchements
que je devais rencontrer plus tard, — à l'exporta-
tion.

Ma première application appartenait de droit au
portrait avant de me lancer dans les expéditions à
l'extérieur projetées.

*
* *

Je commençai naturellement l'expérience *in animâ vili*, sur ma simple personne et sur mon personnel de laboratoire.

Si médiocres et même détestables que fussent ces premiers clichés, le bruit de la tentative s'était répandu dans notre microcosme photographique où chacun tenait l'œil ouvert sur le voisin et j'étais aussitôt invité à donner une séance au Cercle et journal *la Presse scientifique*, alors installés rue Richelieu, à côté de la fontaine de Pradier — le sculpteur agréable mais inintégral dont Préault disait : « — Il part tous les matins pour Athènes et il rentre tous les soirs place Bréda. »

Immédiatement transporté rue Richelieu tout mon encombrant matériel, j'obtins divers négatifs, — entre autres le groupe du Président et de ses deux assesseurs à leur bureau, — clichés dont je tirai séance tenante les positifs avec mon foyer électrique.

Ces premiers clichés ressortaient durs, avec des effets heurtés, les noirs opaques, découpés sans détails dans chaque visage. Les prunelles ou éteintes par excès de clarté ou brutalement piquées, comme deux clous.

Pour parfaire, il fallait un second foyer de lumière adoucie, fouillant les parties ombrées. J'essayai les flambées de magnésium ; mais nous n'avions pas encore les lampes si propice inventées depuis et l'usage du magnésium, sans parler de la fumée, présentait nombre d'inconvénients.

Je tentai de tamiser ma lumière en plaçant une glace dépolie entre l'objectif et le modèle, ce qui ne pouvait m'amener à grand'chose ; puis plus pratiquement je disposai des réflecteurs en coutil blanc, et enfin un double jeu de grands miroirs répercutant par intermittences le foyer lumineux sur les parties ombrées. J'arrivai ainsi à ramener mon temps de pose à la moyenne diurne et finalement je pus obtenir des clichés à rapidité égale et de valeur tout à fait équivalente à celle des clichés exécutés quotidiennement dans mon atelier.

Je ne m'arrêterais pas sur ces essais et la gradation de tâtonnements élémentairement indiqués par le moindre sens pratique si nous n'avions vu, il y a peu d'années, deux photographes, dont l'un très connu, s'entre-disputer à outrance devant les tribunaux la priorité de procédés appliqués et divulgués nombre d'années avant leur prise d'armes.

*
* *

La permanence, à chaque tombée du jour, de cette lumière alors peu usitée arrêtait la foule sur le boulevard et, attirés comme phalènes à la lueur, nombre de curieux, amis ou indifférents, ne pouvaient résister à monter l'escalier pour connaître de ce qui se passait là.

Ces visiteurs de toutes classes, dont quelques-uns connus ou même célèbres, étaient au mieux accueillis, nous fournissant gratuitement un stock de modèles tout disposés à la nouvelle expérience.

C'est ainsi que je photographiai entre autres par ces soirées Niepce de Saint-Victor, G. de La Landelle, Gustave Doré, Albéric Second, Henri Delaage, Branicki, les financiers E. Pereire, Mirès, Halphen, etc., etc., et enfin mon voisin d'en face et ami, le professeur Trousseau.

* *
*

La possibilité de la photographie aux lumières artificielles se trouvait donc désormais acquise; il ne s'agissait plus que de passer à l'application rêvée.

Le monde souterrain ouvrait un champ infini d'opérations non moins intéressant que la surface tellurique. Nous allions pénétrer, révéler les arcanes des cavernes les plus profondes, les plus secrètes.

Mais sans aller d'abord si loin et pour commencer par le commencement, une besogne première se présentait sous nos pieds mêmes : les Catacombes de Paris, sans avoir dans leurs souvenirs la solennité d'enseignements des Catacombes Romaines, ont leurs confidences à nous faire, et, surtout, nous

avions à reconnaître l'admirable travail humain
accompli dans le réseau de nos Égouts Parisiens.

*
* *

Nous avons passé par les Catacombes, n'indiquant jusqu'ici que tout sommairement notre procédure opérative dont les vraies difficultés vont
surtout apparaître dans l'émonctoire métropolitain.

Pour bon ordre, poussons d'abord une reconnaissance dans la place et essayons de relever l'état des
lieux.

*
* *

A la lueur des lanternes et, de temps à autre, au
jour vague qui tombe par les « regards » démas-
qués au dehors tout exprès pour les visites des
excursionnistes, nous distinguons une galerie sans
fin, ciment et rouge meulière. On dirait que l'humi-
dité rouille la pierre.

Un trottoir étroit borde de gauche et de droite une
canalisation plus profonde que large : cette éclusée
d'un liquide impur, à épiderme épais, est ourlée de
chaque côté d'une marge de rails sur lesquels circulent les petits wagons voyageurs destinés au
service et aux visiteurs. Sous la direction de l'employé chargé de faire les honneurs du lieu, quatre
convoyeurs chaussés des hautes bottes réglemen-

taires, deux de ci deux de là, vont faire pour nous office de locomotive, la main déjà tendue sur les barres d'appui du wagonnet.

A remarquer l'irréprochable politesse de ces ouvriers résignés sous nous aux plus humbles travaux et dont la convenance en remontrerait parfois utilement à messieurs les commis, petits ou gros, de nos administrations publiques.

A peine avons-nous pris place sur le wagonnet qu'un long coup de trompe résonne sous les voûtes en signal de marche, pour être répété de loin en loin devant nous, à mesure que nous avançons, par d'autres sonneurs à leurs postes. Nos quatre coureurs nous ont déjà poussés en avant — et nous voilà partis sur nos rails de toute la vitesse de ces huit jambes, avec un roulement de tonnerre qui ne nous empêche pourtant d'entendre ni le grondement sourd des voitures qui circulent au-dessus de nos têtes, ni le fracas des plaques qui retombent derrière nous l'une après l'autre sur les « regards » à peine dépassés. — Par toute la ligne que nous avons à parcourir, dessus comme dessous, sur nous la consigne veille.

Il n'est que temps de nous apercevoir qu'il fut sage de nous précautionner d'un vêtement supplémentaire. L'atmosphère moite que nous traversons

—— à toute lancée s'est bientôt faite glaciale : elle pourrait devenir meurtrière.

Si vite roulons-nous qu'à peine avons-nous le temps de distinguer aux écritures émaillées du Municipe, lettres blanches sur fond bleu, les noms répétés des voies publiques sous lesquelles nous glissons.

Un énorme tuyau de fonte d'un mètre de diamètre, soutenu par de substantielles potences et encore agrafé par des crampons solidement scellés, nous tient compagnie suivie tout le long du mur. C'est la conduite principale des Eaux de la Ville. — Une simple fissure, heureusement impossible, à cette conduite et par le déchirement subit sous la pression, nous serions sans rémission engloutis.

De temps à autre une cascade immonde tombe à notre gauche ou à notre droite par un chenal ménagé : un groupe d'égoutiers au labeur se range contre la muraille à notre approche, et, muet, nous regarde passer. De droite et de gauche nous laissons derrière nous nombre de galeries transversales, artères et artérioles de cette vaste circulation dont tous les vaisseaux réunis ne mesurent pas moins de soixante lieues.

Ici nous traversons une buée épaisse par laquelle s'abscurcissent la lampe à réflecteur placée à l'avant de notre wagon et la lanterne que porte notre premier équipier : cela signifie qu'au-dessus de nos têtes un établissement de lavoir liquide ses opérations de la matinée. — Plus loin une odeur nous

envahit, qui pourrait être agréable si elle n'était
autant violente : nous passons sous le laboratoire
d'un parfumeur. Cette odeur, un souvenir de jasmin
gâté par du patchouli (l'un des pseudonymes de
l'horrible musc artificiel dont l'Allemand tire de la
houille les puanteurs), sera la seule qu'il nous aura
été donné de constater dans tout notre trajet par cet
exutoire des infinies putridités d'une grande capitale, grâce à la ventilation parfaite et au système de
vannes mobiles, wagons ou bateaux, qui entre-
tiennent dans ces cloaques une évolution permanente : le « circulus » de la boue. Pourtant il ne
faudrait pas trop s'y fier; le poison, pour être latent,
n'en demeure pas moins le poison. Le microbe ici
tient ses États, règne et gouverne.

*
* *

Mais loin, bien loin devant nous, un point lumineux apparaît, qui s'avance avec un fracas de
typhon : de là le signal des trompes retentit. C'est
un autre convoi qui vient sur nous et la voie n'est
pas double. Par la collision, un déraillement dans
ces ignominies serait horrible ! Heureusement, à
notre contre-appel, l'ennemi ralentit sa marche.
Nous nous trouvons justement, par les dispositions
prises, arrivés sur un angle de dérive : notre wagon
oblique à droite par une plaque tournante, et nous
reprenons à toute vitesse notre itinéraire.

Pas un rat; — je veux seulement dire que nous n'en aperçûmes point. Je veux croire que la sollicitude administrative les invite à se remiser lors de ces visites publiques pour ménager la susceptibilité des personnes nerveuses.

A quelques carrefours notre voie s'élargit inopinément en vastes coupoles. Comme ces amphithéâtres, un peu démesurés, ne me paraissent pas précisément destinés à des conférences ou concerts, il ne paraît pas téméraire d'admettre ici l'hypothèse de certaines prévisions stratégiques. Assurément chacun de ces Colysées clandestins offrirait des points fort utilisables pour des concentrations de forces en quelques éventualités, de même que l'infini du réseau souterrain ouvre une mine toute prête en ses mille galeries sous tous les points de la capitale...

Cette conception de l'Empire, le coup de foudre qui anéantit l'Empire ne lui laissa pas le temps de la réaliser; on s'explique moins que les chefs de la Commune aux abois, réduits, déterminés à tout, n'aient pas utilisé ce formidable moyen de destruction au fur et à mesure de l'entrée des troupes, comme plusieurs s'y attendaient, convaincus *.

Mais toutes nos destinées ne sont pas accomplies...

* Lettre de N... (*Paris*), à Louis Blanc (*Versailles*), ... mai 1871.

*
* *

Cependant, nous roulons toujours et la voûte, dont la sueur glacée tombe gouttes à gouttes plus fréquentes, s'écrase sur nous de plus en plus et les parois serrées se resserrent encore. Par instants, nous devons — avisés par le cri de nos conducteurs — courber nos têtes, surtout sous les gros étançons transversaux dont le fer visqueux et mangé pleure des larmes de rouille. Les hautes bottes de nos coureurs clapotent dans le liquide affreux, sur les trottoirs submergés. Le chemin descend, descend encore : l'inondation monte ; et ils enfoncent au-dessus des genoux, jusqu'à la ceinture tout à l'heure, courant toujours, et tout autour de nous ruisselle, flaque, découle, dégoutte, suinte. Le lieu est devenu tout à fait sinistre : par les miasmes épais qui flottent, nos lampes pâlissantes semblent défaillir, prêtes à s'éteindre. Au malaise succède le frisson, au frisson tout à l'heure l'angoisse : nous sommes à une des croix les plus lugubres de l'hypogée, dans les vieux égouts, là où nul improfessionnel, il y a soixante ans à peine, n'eût osé pénétrer. Ce n'est autour de nous qu'évents, goulottes, pilotis, siphons, gargouilles, un enchevêtrement difforme de sentines et boyaux à défier l'imagination de Piranèse :

C'est le noir rendez-vous de l'immense néant...

Il y a des niveaux différents, étages dans la fange fluide. Le clapier a sa superbe et ses préséances. Ce qui reste d'espace étranglé entre pierre et eau s'obstrue encore de choses innommées, inquiétantes, et dispute la place à la bruine. Des chaînes énormes, toutes rongées, tirent sur une partie plus élevée du cintre, semblant se faire plus lourdes pour hâter l'écroulemeut; ces poulies soudées par l'oxydation ne furent-elles pas disposées par un tortionnaire mystérieux pour quelque question terrible? Entre les piliers cagneux, le mur inflltré, lépreux, et ces ferrailles monstrueuses, notre wagon maléficié ne saurait plus avancer d'une ligne : reculer, le pourra-t-il ?... C'est le Barathrum. Et toujours, dessous, dessus, devant, derrière, partout, l'eau, cette eau sanieuse, infâme, avec toutes ses voix, — mugisse-ments, hoquets, éclaboussements, crachements, bor-borygmes...

*
* *

Nous reculons enfin ; l'horreur a fui, et, dégagés de ces épouvantes, nous roulons par une série nou-velle de voies tantôt droites, tantôt courbes. — Au tournant d'une tangente, on nous arrête.

Nous sommes descendus de notre chariot et, en quelques pas, nous nous trouvons sous l'arc d'une voûte majeure, au bord d'une large canalisation. C'est le fleuve final qui rallie tous ces affluents, la

suprême synthèse de toute notre vie parisienne, —
le Grand Collecteur.

Un bachot massif, carré de forme, nous reçoit,
et un dernier relais de coureurs, — ceux-là ne pour-
ront plus que marcher, vu la pesanteur de leur
convoi — nous hale lourdement sur le flux sordide.
Nous traçons dans ces épaisseurs un large sillon en
même temps que, par notre poussée, l'action de
notre van mobile chasse à l'avant de notre bac les
bourbes du fond vers la Seine empestiférée.

Dans l'histoire des égoûts, écrite avec la plume
géniale du poète et du philosophe, après cette des-
cription qu'il a su rendre plus émouvante qu'un
drame, Hugo raconte qu'en Chine il n'est pas un
paysan revenant de vendre ses légumes à la ville
qui n'en rapporte la lourde charge d'un double seau
rempli de ces précieux ferments. Le livre si intéressant et documenté de M. Simon, qui habita la Chine
pendant de longues années, énonce ce fait coutu-
mier que l'auteur me confirma lui-même.

Nous, nous envoyons au Pérou des navires pour
nous rapporter à grands frais ce que nous jetons
dédaigneusement ici, tout en hâte de nous en débarrasser, tandis que Barral, dans sa *Trilogie agri-
cole*, évalue à quarante millions d'hectolitres de blé
ce que notre agriculture perd annuellement d'engrais
naturels. Tous nos économistes agraires, tous les
hommes spéciaux, les Boussingault, les Liebig, les

Grandeau, ne cessent de protester chaque jour contre une aussi incompréhensible démence. Mais de les écouter on n'a garde, de les entendre encore moins et notre insondable bêtise humaine s'obstine à perdre, dans Paris seul, des centaines de millions chaque année pour empoisonner nos poissons...

Il est dit et redit qu'en tous ordres de choses nous persisterons à marcher sur la tête, ce qui n'est pas le bon moyen pour être à notre aise.

Mais revenons, pour en finir, à notre action sous le sol engagée.

*
* *

D'après les tâtonnements de nos premiers essais en l'atelier, un praticien aura d'abord pressenti les difficultés qui nous attendaient par des localités nullement disposées pour nous recevoir.

Le premier de nos impedimenta était l'encombrant bagage de nos piles successivement distribuées sur un ou deux chariots. Toutes les combinaisons essayées, épuisées, arrivèrent finalement à échouer devant l'étroitesse de quelques-unes de ces voies souterraines, étranglées à certaines places comme des taupinières...

Il fallut se résoudre à laisser cette partie de notre matériel au dehors, sur la voie publique, d'où il

communiquerait avec nous par quelqu'un des petits
cratères municipaux, puits de Catacombes ou regards
d'Égouts. On le roulerait d'un de ces orifices à
l'autre au fur et à mesure de nos opérations souterraines.

La surveillance d'un personnel attentif n'arrivait
pas toujours à préserver suffisamment l'attirail
contre la curosité, l'indiscrétion des passants agglo·
mérés. La foule est partout incommode, importune,
et si la badauderie Parisienne n'a pas volé sa réputation, ce n'est pourtant pas qu'elle soit là plus pué-
rile que partout ailleurs (— nous l'avons retrouvée
d'une nigauderie au moins égale en toutes villes et
bourgades de tous les pays sans exception —), c'est
parce que Paris lui fournit un public plus touffu.

L'éloignement du foyer générateur ne facilitait
pas notre opération. A chaque instant on achoppait
aux lenteurs des arrangements ou modifications,
aux entretemps forcés de la manipulation ou à
quelque fortuité imprévisible. Nombre de fois, de
nos terriers où le temps était déjà bien long — « on
se fait vieux ici ! » disait un aide — il nous fallut
dépêcher un messager par des chemins peu sommaires pour nous renseigner sur quelque arrêt
subit qui nous forçait à recommencer péniblement
une opération déjà mal commode, juste au moment
où elle touchait à sa fin.

A certains points, l'espacement des bouches de

communication nous imposait un développement exagéré des fils conducteurs, et, sans parler de tous autres inconvénients ou difficultés, il nous fallait à chaque déplacement tâter empiriquement nos temps de pose; or, il est tel de ces clichés qui se trouva exiger jusqu'à *dix-huit minutes.* — Se rappeler que nous en étions encore au collodion, moins pressé que les plaques Lumière.

J'avais jugé bon d'animer d'un personnage quelques-uns de ces aspects, moins au point de vue pittoresque que pour indiquer l'échelle de proportions, précaution trop souvent négligée par les explorateurs et dont l'oubli parfois nous déconcerte. Pour des dix-huit minutes de pose, il m'eût été difficile d'obtenir d'un être humain l'immobilité absolue, inorganique. Je tâchai de tourner la difficulté avec des mannequins que j'habillai en manœuvres et disposai au moins mal dans la mise en scène ; ce détail ne compliqua pas nos besognes.

Mais je ne saurais dire combien de fois notre travail se trouva interrompu, arrêté, par une cause ou par une autre. Tantôt les acides affaiblis n'étaient pas suffisamment renouvelés et nous devions rester l'arme au pied dans ces séjours peu agréables, suspendant toute opération. Par deux fois, je dus changer le manipulateur qui avait affermé la fourniture de notre lumière. Faut-il raconter encore notre déception, notre colère, lorsqu'après plusieurs tentatives sur un point difficile, au moment où toutes précautions prises, tous obstacles supprimés ou tournés, nôtre opération décisive touchant à sa fin, — tout à coup, à nos dernières secondes de pose, un nuage s'élevant de la canalisation venait voiler notre cliché — et quelles imprécations alors contre la belle dame ou le bon monsieur au-dessus de nous qui, sans nous soupçonner, choisissait juste ce moment-là pour renouveler l'eau de sa baignoire !

*
* *

Il faut compter que ce méchant métier, par égouts ou catacombes, n'avait pas duré pour nous moins de quelque trois mois consécutifs. A mon plus ferme ennemi, si j'en ai un, je ne souhaiterais pas ce trimestre d'une telle villégiature. J'avais donné là au delà de ma résignation et j'étais arrivé au fond de sac de ma patience. Je m'arrêtai — avec un regret pourtant, car l'œuvre n'était pas encore tout à fait complète comme je l'aurais rêvé. Mais énervement à part, j'étais rappelé à l'atelier de par d'autres nécessités d'autant plus urgentes après absence aussi longue.

En somme, je rapportais cent clichés, bons en majeure partie, quelques-uns aussi parfaits réellement que s'ils eussent été accomplis *sub Jove, sub sole*. Ils me coûtaient cher, de toutes façons, mais je ne regrettais rien.

Je me hâtai d'offrir les cent premières épreuves

aux collections de la Ville de Paris par les mains de l'éminent ingénieur de nos constructions souterraines, M. Belgrand : notre travail attestait sa gloire. Quelques mois plus tard, il me fit l'honneur de me demander une seconde collection dont j'eus de nouveau le plaisir de lui faire hommage.

CLIENTES ET CLIENTS

Un couple, homme et femme, — de n'importe quel étiage social, — vient voir ses épreuves d'essai.

Neuf fois, j'allais dire onze fois sur dix, vous constaterez que la femme s'absorbe sur les portraits du mari pendant que le mari, non moins hypnotisé mais sur sa propre image, semble à cent lieues de seulement penser à l'image de sa moitié.

L'observation s'est trop de fois renouvelée, et à coup sûr, pour ne pas mériter place en tête de ces notes.

*
* *

Si bonne est l'opinion de chacun sur ses mérites physiques que la première impression de tout modèle devant les épreuves de son portrait est presque

inévitablement désappointement et recul : (— il va
sans dire que nous ne parlons ici que d'épreuves
parfaites).

Quelques-uns ont l'hypocrite pudeur de dissi-
muler le coup sous une indifférente apparence, mais
n'en croyez rien. Ils étaient entrés défiants,
hargneux dès la porte et beaucoup sortiront furi-
bonds.

Ce mal est très difficile à conjurer ; le photographe
amateur en souffrira tout comme le professionnel,
même plus encore, le malheureux ! voué d'avance à
toutes les acerbités, et d'autant qu'il a l'infériorité
de ne point payer patente. Qu'il s'apprête donc tout
comme l'autre et médite les avis de l'expérience.

Prophylactiquement, c'est-à-dire avant l'accès,
faites entrevoir l'éventualité du « refait ». L'espoir
de ce bienfaisant « refait » apaisera tout, tout le
monde y gagnera, — car, vous-même, êtes-vous
donc si certain que vous ne pouvez obtenir mieux
encore que ce premier cliché ?

Surtout, quand deux modèles vous sont venus
ensemble, ne manquez pas de vous arranger pour
qu'ensemble ils reviennent à l'acceptation.
Ne manquez jamais alors de soumettre les
épreuves de l'un à l'autre et celles de l'autre à
l'un : ce qu'on appelle au billard « prendre par la
bande », — et, pour un instant, fuyez !

Infailliblement l'un trouvera l'autre très réussi et l'autre appréciera l'un parfait. — Sur la contre-expérience, encore laissez-les se débattre ensemble.

L'inévitable premier choc ainsi rompu et amorti en simple effet de retour, vous pouvez alors vous approcher pour causer sans crainte d'être mordu.

Trois fois heureux l'opérateur qui tombe sur un client semblable à mon brave Philippe Gille (sans *s !*) — ce mandarin lettré, toujours de si belle humeur.

A peine ai-je eu le temps de lui soumettre sa première épreuve que, même sans regarder la seconde, l'excellent homme s'écrie :

— Parfait ! Et comme tu as bien rendu *mon bon regard, — doux, — loyal — et intelligent ! ! !*

** **

Nous avons fait aux femmes une réputation de coquetterie, — qu'entre nous elles auraient le plus grand tort de ne pas mériter ; — mais cette sollicitude constante de l'effet déterminé par notre aspect physique, cette coquetterie est bien autrement reprochable à l'homme lui-même. — Ceci, je l'ai trop de fois vu, et de la bonne place où l'on peut le mieux voir.

Rien chez la femme ne peut donner idée de l'infatuation de certains hommes et du souci permanent de leur « paraître » chez la majorité d'entre eux.

Ceux qui affecteront ici de sembler les plus détachés sont précisément les plus malades.

*
* *

J'ai trouvé chez des hommes réputés graves entre tous, chez les personnages les plus éminents, l'inquiétude, l'agitation extrême, presque l'angoisse à propos du plus insignifiant détail de leur tenue ou d'une « nuance dans leur « expression ». — C'en était attristant, parfois même répugnant.

Il m'en retomba un une fois, dès le grand matin du lendemain de sa visite d'épreuves, tout endérouté par un cheveu, — je dis *un cheveu* — qui se trouvait dépasser la ligne et qu'il tenait absolument à voir rentrer dans le rang. « — Mais y aura-t-il moyen, monsieur Nadar ? Et ne vaudrait-il pas mieux recommencer ?... » C'est ce que cet homme solennel venait me demander dès l'aube, toute affaire cessante.

De la nuit entière, il n'en avait pu fermer l'œil, — et en pleine candeur il me l'avouait.

*
* *

Mais veut-on contempler l'infatuation masculine poussée jusqu'à la folie ? Quelle démonstration plus explicite, cette inexplicable inconscience de certains candidats, politiciens professionnels qui ont

imaginé, comme suprême, décisif moyen d'entraînement, d'adresser à leurs électeurs leur photographie, leur propre image de marchands de paroles ?
Quelle vertu d'attraction ces gens-là peuvent-ils donc
supposer en leurs visages honteux, où toutes les bas-
sesses, toutes les laideurs humaines s'arborent, où
suent la bassesse, l'ignominieux mensonge, et toutes
les dénonciations physiognostiques de la duplicité,
de la convoitise, du péculat, de la déprédation ?

N'est-elle pas le comble de la monomanie égotique
cette hallucination qui ne doute pas d'enlever le
suffrage de tous les cœurs par la présentation de
pareils museaux ?

Et s'il eût prévu le dernier coup de pied de cette
application, Niepce n'en eût-il pas reculé ?

*
* *

Il est indiqué que certaines professions semble-
ront devoir développer plus que d'autres chez l'indi-
vidu le culte de soi-même et l'infatuation. — Naturellement le comédien arrive ici en tête, et il n'est
ni à s'en étonner ni à le reprocher : c'est une conséquence professionnelle.

Immédiatement après l'acteur, je suis bien forcé
de dire que se présente l'officier.

La stricticité méticuleuse de l'ordonnance qui impose l'incessante surveillance des moindres détails
de la tenue ne serait-elle pas là pour grosse part ?

J'ai été à même, pendant quelque quarante ans et plus, de suivre ces observations, chaque jour, du matin au soir, et il me faut reconnaître qu'à côté de maintiens parfaitement dignes, dans l'orthodoxe et viril insouci de leur image, il m'est arrivé de rencontrer chez certains de nos militaires des afféteries, des mièvreries déconcertantes.

Mais j'ai également portraituré bon nombre d'officiers étrangers, Italiens et de toutes nations, et je reconnais bien vite que ces porte-fer exotiques ont dans leur procédure de toilette et de mines des façons et allures où les nôtres auraient encore bien à apprendre.

*
* *

Mais où s'est montrée à moi dans son paroxysme la démence de coquetterie chez le mâle, c'est, — dussé-je contrister quelques consciences — chez deux... pasteurs anglicans !

Jamais — jamais ! je ne rencontrai chez créatures femelles pareille science d'accommodements et de stratégie cosméticale : un écœurement...

Comment pourrais-je oublier celui-là surtout qui m'apparut une fois dans tout l'éclat emprunté de ma mère Jézabel, si outrageusement rosé que je ne pus résister à la tentation du constat?

Sous prétexte de détacher de sa joue un atome de

suie, je prends mon mouchoir, j'appuie, et j'amène — du carmin !

Mon prédicant déteignait...

D'autre part, si nombre de modèles ont le tort de se laisser aller à des exagérations de prétentions et d'apprêts, d'autres tout au contraire témoignent d'une telle indifférence, d'un dégagement d'eux-mêmes tellement sidéral, qu'ils arrivent à déconcerter tout sentiment des probabilités.

*
* *

Tel celui que j'aperçus un tantôt dans notre « hall » à l'heure où les épreuves d'essai sont soumises à la clientèle, sensiblement exacte à ce rendez-vous quotidien. Par les petits groupes tout absorbés sur leurs épreuves respectives, j'allais de l'un à l'autre, donnant ma consultation. — A celui-ci arrivé :
— Et vous, monsieur, voulez-vous que je vienne vous aider à être sévère ? — D'abord, comment vous trouvez-vous ?
— Mais pas mal, monsieur. Je suis content.
— Permettez-moi de voir...
Je regarde les deux épreuves, — je relève les yeux sur le modèle...

C'était l'épreuve *d'un autre* qu'il tenait en main — et dont il était « satisfait »...

12.

*
* *

Eh bien, j'ai trouvé plus fort : — une autre fois j'ai fait coup double !

Mais il faut avant tout garder présent devant soi que la sonde n'a jamais donné, qu'elle ne donnera jamais le fond de — comment dire ?... — de la naïveté humaine.

Par exemple, tous ceux qui ont tenu une plume dans un journal ont été dès leur début mis au courant de la fameuse légende de l'ancien abonné dont la vue baisse et qui écrit à la direction pour demander qu'on lui tire son numéro en caractères « un peu plus gros ». Sa demande ne pouvant être que très exceptionnelle, il compte bien qu'on ne la refusera pas à un des plus vieux abonnés du journal...

Et ne pas croire que cette demande saugrenue ait été unique : elle se reproduit de temps à autre et je l'ai moi-même décachetée dans les bureaux du premier journal où je me suis trouvé assis devant un pupitre.

J'ai, personnellement, eu affaire à la bonne dame qui recommande « surtout » qu'on tire les portraits sur « du bon papier », et c'est à moi-même que s'adressa le bon monsieur qui s'offrait de lui-même à payer « quelque chose de plus » pour son image peinte à la condition qu'on le peindrait avec « des couleurs fines ».

Le Poète, lui, n'a pas mâché le mot. Il a dit : « La bêtise est à l'homme. »

*
* *

Alors donc, deux messieurs, départementaux, sont venus poser de compagnie et ils reviennent de compagnie voir leurs épreuves.

Selon le rite invariable, l'employé a remis à l'un les épreuves de l'autre, à l'autre les épreuves de l'un.

Ils sont l'un et l'autre depuis un bon moment silencieusement braqués, chacun de son côté, sur ces images...

J'interviens :

— Eh bien, messieurs, êtes-vous satisfaits? Avez-vous choisi?

Tous deux à l'égal se disent contents.

— ... seulement, — me fait observer l'un, tout timidement, — il me semblait que... que je n'avais pas de moustaches?...

Je regarde l'image, je regarde l'homme, je regarde son ami...

Chacun des deux tenait le portrait de l'autre — et s'y reconnaissait ! ! !

L'ordre des choses rétabli, les voici pourtant, l'un et l'autre, un peu plus à l'aise, — et celui qui jusque-là n'avait pas soufflé, me fait timidement :

— Je me disais bien aussi : — il me semble qu'il y a là... *quelque chose qui n'est pas tout à fait ça...*

Vous alliez tirer l'échelle ? Une seconde encore...

— mais me croira-t-on ?...

*
* *

Celui-là entre, — (je ne les fais pourtant pas faire exprès !...) — il choisit le genre de portrait qu'il désire, demande à régler immédiatement sa note, paie et : disparu ! — On n'a pas eu le temps de se retourner...

Grande agitation, on s'exclame : — mais où est passé ce monsieur ? A la seconde, il était là ! Courez vite : il n'a pas encore eu le temps d'être au bas de l'escalier !...

On se précipite, on vole, on le rattrape, on le remonte :

— Mais monsieur ? Et votre séance ? — Il vous faut poser !

— Ah ???... — Comme vous voudrez. — Mais *je croyais que ça suffisait...*

*
* *

Mettez une femme au bureau d'une photographie, comme d'ailleurs en terrain neutre de tout autre boutique ou comptoir, et vous n'avez pas d'instrument de précision plus sensible et sûr que cette pierre de touche pour vous constater, dès la porte, si le client qui vient d'entrer est un gentleman ou un homme mal élevé.

Encore est-il à remarquer qu'il y a gentleman et gentleman. Tel des plus corrects, qui aura toujours été tenu pour irréprochable « dans son monde, » pourra représenter, dans un monde autre, un homme fort incivil et même un parfait goujat : celui, par exemple, pour qui la femme qui n'est pas d'un ordre de femmes déterminé, n'est pas une femme. Car c'est là qu'avant tout se distingue le véritable gentleman.

L'affectation de la raideur anglo-saxonne est devenue chez ceux qui donnent chez nous le ton, le parangon du grand air. Dans nos habitudes sont passées les mœurs de la Bourse, pays grossier par excellence, où, par la sauvage bousculade pour l'argent et le mode du couvre-chef vissé sur la tête d'Israël, la brutalité des heurts et chocs n'a jamais valu le temps d'une excuse. Le niveau du sol y est au-dessous de l'offense.

De par tout cela nos habitudes d'éducation ont changé. Nous sommes loin des temps où, enfants, nous tenions casquette bas dans la plus humble boutique, où on nous faisait découvrir pour porter un sou à un pauvre et quand la maman déclinait le renouvellement sollicité du vieux chapeau, la chose étant indifférente, parce qu'un chapeau « *ça se tient à la main.* ».

« *Petit Bob* » ne l'entend plus du tout ainsi.

Quelques familles suprêmes s'efforcent bien encore de garder et transmettre les traditions reçues; mais tout s'épuise, et bientôt on se demandera ce que pouvait bien être cette Politesse dont l'évocation ne trouvera plus rien qui lui réponde dans l'ordre nouveau des choses.

C'est dommage ! La courtoisie, l'aménité, l'affabilité, n'étaient pas autres, en somme, que des façons délicates, des dilutions de l'affectivité, de la Bonté, — et cette Politesse qui semble à jamais perdue n'était pas une des moindres grâces de notre race Française...

*
* *

Mais retournons vite du côté de nos laboratoires.

Un peu plus souvent que ne vaut la justesse de l'axiome, des impertinents nous répètent qu'un peuple a toujours le gouvernement qu'il mérite, — ce qui serait par trop désobligeant pour plus d'un, sans nous omettre. Il faut pourtant reconnaître que toute maison d'art ou de commerce quelconque sera par ses clients traitée comme elle les aura traités elle-même et réciproquement.

A la vérité, vous n'arriverez jamais à réduire certains monstres, parfois très charmants, dont l'égoïsme naïvement féroce se moque absolument de tout ce qui n'est pas eux ou elles. Il en est qui semblent éprouver à nuire une secrète et intime jouissance, par exemple en dérangeant d'un retard tout l'ordre disposé d'une journée de travail, et en renversant toutes les séances les unes sur les autres, comme capucins de cartes.

Contre celles-ci ou ceux-là, le métier lui-même vous fournira plus d'une riposte suffisante, sinon pour amener à bien, tout au moins pour neutraliser leur nuisance. Tenez-vous d'abord, sans vous en départir d'un point, à la rigoureuse ponctualité, et demeurez impitoyable à tous retardataires, quoi qu'il en coûte. Ce que vous pourrez avoir d'un côté perdu sera bientôt regagné de l'autre.

Toute la question se résume pour vous en « *bien faire* ». Cherchez toujours et encore le mieux, là comme partout ailleurs, et, préoccupé jour et nuit

de la perfection de votre travail, soyez pour vous-
même plus sévère que personne. Que jamais rien
ne sorte de chez vous qui ne puisse défier la critique
d'un émule.

Chercher l'honneur avant le profit est le plus sûr
moyen de trouver le profit avec l'honneur.

*
* *

C'était tout à mon début de photographe.

Le jour tombait et dans le jardin de la rue Saint-
Lazare qui me servait alors d'atelier, — jardin depuis longtemps supprimé par l'alignement municipal, — je mettais déjà en ordre pour le labeur du
lendemain les instruments très élémentaires alors
dont je m'efforçais de tirer le meilleur parti : l'ou-
tillage du débutant était aussi modeste que sa fortune.

On sonne : deux étrangers, de haute taille et de
fort bon air, assistés d'une belle dame qui les accom-
pagne, me demandent leur portrait. Ils partent l'un
et l'autre demain soir par l'express, — officiers dans
l'armée des Indes.

Je refuse : le jour est trop bas ; je ne saurais faire
rien de bon. — Demain?

Demain, impossibilité pour eux, toute leur journée étant prise, — et tellement ils insistent que,

pour ne pas les désobliger, je finis par céder, — mais
en leur réitérant l'observation que cet essai, dans de
pareilles conditions, ne sera pas acceptable.

*
* *

Les deux poses accomplies :
— Combien?
— Mais ce ne sera pas bon.
— Combien?
— Ce serait deux cents francs; mais...
Quand même ils prétendent payer; ils mettent
deux billets sur la table, sans accepter de reçu, —
et les voilà partis.

*
* *

Dès le lendemain matin, j'expose sans conviction
aucune les deux clichés au jour, — et je n'obtiens
en effet que deux épreuves grises, voilées, — non
livrables.

Si encore mes deux entêtés pouvaient revenir dans
la journée, je leur enverrais n'importe où d'autres
épreuves que celles-ci!...

Mais non. Ce n'est qu'au soir, comme la veille,
que je les revois.

*
* *

— Eh bien, vous allez vous rendre compte que je

ne nous trompais pas, hier. Jugez-en vous-mêmes.

Les deux hommes et la belle dame examinent les épreuves, s'entre-consultent en anglais, — et finalement bien d'accord :

— Mais nous ne trouvons pas cela mal ; c'est même bien.

— Non !

— Si ! — et, au surplus, ces portraits nous conviennent. Veuillez nous les faire mettre en état d'être emportés.

— Jamais de ma vie ! Je ne livre pas des choses pareilles. Vous recommencerez...

— Impossible.

— Alors vous ne recommencerez pas ; mais ceci ne sortira jamais de ma maison. — Voici vos deux cents francs !

*
* *

Et j'ai déjà mis en quatre morceaux les épreuves.

Le trio en fait un bond !!!...

— Excusez-moi, et acceptez tout mon regret de vous désobliger...

L'un de mes deux Anglais est plus que mécontent, et tout autant la dame : il en a même pâli... — Un peu nerveusement, il me dit :

— Mais, monsieur, vous n'aviez pas le droit de disposer de ces épreuves qui étaient payées?

— Pardon : voici votre argent ; et d'abord vous
avez constaté qu'hier je me refusais à le recevoir. Ne
vous ai-je pas d'avance dit et répété que mon travail
ne serait pas livrable ?

— Mais de ce travail, même mauvais, vous n'aviez
pas le droit de disposer seul. Nous en avions notre
part de propriété, ayant donné là notre peine et notre
temps pour poser.

L'argument, au moins spécieux, ici me touche :
je me déraidis sensiblement :

— Ce que vous dites là, monsieur, serait juste
dans une limite ; mais considérez vous-même qu'il
n'y a pas que vous en cause. — Votre argent est
bon, hors de conteste : le travail que j'ai à vous
donner, en échange de cet argent, doit être également bon et, sans conteste, équivaloir, — ou bien
la maison où vous êtes entré n'est pas une maison
honnête, — et alors ce n'est pas moi qui vous y
reçois. — Je ne puis que vous réitérer mon regret.

Il faut bien qu'ils en prennent leur parti.

Le trio a échangé quelques mots en anglais — et
me considère curieusement.

Évidemment, je leur fais l'effet d'un original, d'un
fou peut-être. Mais toute animation est tombée, et,
en se retirant, mon Anglais me dit :

— Vous êtes un singulier commerçant, monsieur.

et vous me semblez avoir pris la méthode qui n'enrichit pas.

— Peut-être ; — à moins que, plus loin encore que Calcutta, Madras, et longtemps, le souvenir vous reste d'un commerçant, comme vous dites, scrupuleusement loyal, même à ses dépens. Si le cas est assez peu fréquent et vous semble assez curieux pour être cité, alors je n'aurai pas perdu mais gagné. — Mais ce point est secondaire, et il en est un autre qui passe avant tout : — vous avez votre point d'honneur d'officier ; pourquoi le marchand n'aurait-il pas son point d'honneur de marchand ?...

On se quitte, — à peu près bons amis enfin...

*

* *

Qu'eussent donc alors pensé mes trois Anglais, s'ils avaient pu soupçonner ce que pour moi, ce jour-là, représentaient leurs dix louis répudiés, — à cette heure si difficile de mes pauvres débuts, — quand tout me manquait...

Mais je persiste à croire que c'est ainsi, seulement ainsi, qu'*on fait les bonnes maisons ;*

— et c'est ce que toujours il faut démontrer.

LE SECRET PROFESSIONNEL

Assurément, celui-là avait été aimé...

Il était étendu, déjà rigide, sous les draps blancs dont le haut du corps émergeait, alignant les deux bras sur le linge reversé.

On l'avait revêtu de sa toilette de gala pour cette unique, suprême réception chez la Mort : le rituel habit noir, lustré neuf, aux plis stricts ; le col blanc, la cravate, le plastron, les gants violets pâle, tout de correction irréprochable : le rasoir venait évidemment de passer une fois dernière sur sa figure de mort. — Par les clartés de la literie, l'empois porcelaineux du linge de corps, la matité de cire du visage, se découpait le noir opaque des pilosités, cheveux drus, moustache fournie, sourcils épais se rejoignant comme une large barre tracée à l'encre au-dessus du nez courbé en rostre.

13.

Ce mort avait à peine eu le temps d'entrevoir sa
trente-cinquième année, au plus. Les traits étaient
d'une rectangularité classique, antique. Sur sa poitrine, un énorme crucifix étendait ses bras comme
pour le préserver, encore et au-delà. Le reste du lit
disparaissait sous les monceaux de fleurs frais cou-
pées et la chambre entière était tellement jonchée de
fleurs encore, bouquets somptueux et couronnes,
que le pied avait peine à trouver place par ces pro-
fusions.

*
* *

Oui, certes, il avait été aimé, adoré de tout ce qui
l'entoura ; dès l'antichambre, les deux femmes de
service qui, en grand deuil, nous reçurent, s'étaient
aussitôt enfuies, étouffées par les larmes. — D'autres
femmes encore, — une, deux, trois, une famille entière, — toutes uniformément vêtues de longs crêpes,
survenaient silencieuses l'une après l'autre, et tous
ces yeux sombres, brûlés par les larmes, nous regardaient avec une défiance inquiète, jalouse, haineuse presque, comme si nous étions, nous, pour
quelque chose dans cette mort, comme si nous venions leur arracher ce cher mort...

Nous avions eu peine à obtenir dans cette confusion les deux ou trois paroles indispensables, en
français : la maison entière était espagnole, ce que
nous pûmes au moins supposer à quelques mots

étouffés, presque éteints par un pieux respect et sous l'écrasement...

La sœur de charité qui était restée agenouillée au pied du lit se releva enfin et, sans s'être détournée, disparut.

Nous nous mîmes à notre travail...

*
* *

S'il est un devoir pénible dans la photographie professionnelle, c'est l'obligée soumission à ces appels funéraires — qui ne se remettent pas...

Ce n'est pas seulement de tomber, comme cette fois, au milieu de douleurs contre lesquelles on ne peut rien, — explosions si cruelles parfois, si déchirantes, que bien qu'étrangères, elles arrivent à se faire vôtres sans que vous vous en puissiez défendre ; — c'est aussi de sentir bientôt s'évoquer en soi-même le souvenir des deuils personnels, de retrouver subitement réveillées les anciennes douleurs qui se taisaient, assoupies, — les plaies mal cicatrisées qui se ravivent et se remettent à saigner, lancinantes...
D'autres fois, il est vrai, et combien d'autres fois ! n'avons-nous pas, tout à l'opposé, rencontré sous l'apparat des deuils et les regrets officiels, l'indifférence plus glacée que le cadavre lui-même, l'âpre cupidité, seule fervente après la dépouille de celle

ou celui qui vient de tomber, les longues impatiences enfin soulagées, les vils calculs, la fausseté, le bas mensonge si longtemps poursuivis, — dégagés, rénumérés enfin et ayant peine à refouler la joie débordante de la victoire gagnée : — argument saisissant, contre l'héritage.

Mais ici, que nous étions loin de ces boues et comme dans la prostration de ces douleurs, comme dans les moindres détails de ce qui nous entourait, on sentait bien l'atmosphère de tendresse infinie, d'adoration effrénée qui persistait, palpitait chaude encore et plus que jamais autour de cet être idolâtré, glacé pour toujours !...

Que n'avait-il donc pas valu pour être autant aimé, que n'avait il pas donné de tendresse pour qu'on lui rendît tant !

*
* *

On nous avait priés de hâter le tirage des épreuves.

En effet, le lendemain matin, dès la première heure, une dame en longs voiles de crêpe venait aux nouvelles, celle sans doute parmi les autres qui la veille nous avait parlé.

Lorsque l'employé apporta sur une glace les deux épreuves encore mouillées, la dame releva son voile

et les contempla avidement, penchée sur les chères
images. De longues larmes coulaient sur ses joues,
brouillant ses yeux que le mouchoir ne parvenait à
étancher, — jusqu'à ce que suffoquant, nerveuse,
affolée, elle s'en détourna enfin, rabattant son voile,
pour nous dire que, telles quelles, elle avait à em-
porter ces épreuves et qu'on eût à en tirer d'autres
immédiatement.

Il n'y avait qu'à s'incliner : la dame partit avec les
deux photographies roulées dans le buvard.

*
* *

Une heure s'était écoulée à peine, que deux autres
femmes scrupuleusement en grand deuil comme la
première, se présentaient, — demandant à voir les
épreuves...

*
* *

Que voulait dire ceci ? — Ces deux personnes
n'avaient donc pas eu communication de ce qui avait
été livré une heure auparavant ?...

Je les examinais : — la plus jeune, visage régulier,
long, de la pâleur mate des créoles ou des Madri-
lènes, les yeux d'un noir de poix, auréolés de bistre.
Ces yeux-là avaient évidemment trop pleuré pour

avoir gardé une larme ; ils étaient à jamais secs
et durs. Ce qui a trop souffert en une fois défie
toute autre souffrance. Assurément il y avait eu là et
il restait une passion profonde, absorbante, unique,
ce qui ne peut ni ne veut être consolé. Désormais
ces yeux d'Érèbe ne devaient plus regarder qu'en
dedans, — à jamais fixés sur Celui qu'on ne remplace pas...

L'autre, la mère, manifestement : un décalque des
traits de la fille, les années en plus. — Mais c'était
tout. — La morne gravité, l'abattement attractif du
regard de la jeune femme prenaient dans les prunelles d'acier de la mère un caractère mauvais, altier,
de combat, singulièrement antipathique.

A côté de la fille, écrasée sous son mal, il eût
pourtant fallu la mère, — la mère tendre, qui souffre
aussi, qui pleure, qui apaise ce qui ne saurait être
apaisé...

*
* *

Les deux femmes, silencieuses, regardaient les
épreuves... — Nous attendions debout, l'employé et
moi...

La mère enfin murmura vers la fille, d'un verbe
bref, quelques mots dans l'idiome qui nous était
étranger, — et, traduisant, la jeune femme me dit :

— Il est entendu, monsieur, que vous ne remettrez
ces épreuves qu'à moi *seule*...

Elle avait appuyé, interprète obéissante, sur le
mot — « *seule* ».

Je me sentis tressaillir... — Je venais d'entrevoir...

Celle-ci était bien l'épouse, l'épouse légitime, indu-
bitablement.

Mais alors, — l'autre ? — celle qui ce matin s'était
levée la première ?...

— Un frisson me passa, pressentiment du drame...
— Qu'avais-je fait ! ! !...

* *
*

Subitement, comme un éclair, la vieille en arrêt
sur moi braquée, fit un brusque mouvement de tête,
d'arrière puis d'avant, les deux en un temps : — le
coup de détente de la vipère, — et je l'entendis siffler
à l'oreille de sa fille — (— oh ! cette fois je la compris bien !...) :

— *Il en a déjà donné ! !...*

— Vous avez déjà remis de ces portraits à quelqu'un ?... me demanda la jeune femme haletante,
chaque syllabe étranglée ne pouvant sortir. .

Mòn employé se jeta au-devant : il était d'un imperturbable aplomb, — un homme fort, mentant de naissance, comme il respirait.

— A personne, madame, à personne ! Pas une épreuve n'est sortie d'ici — puisque voici notre tirage d'essai ! — Au surplus, et d'ailleurs...

Et il parlait, il parlait encore, il parlait trop, — comme parlent toujours ceux qui veulent tromper...

Mais la vieille ne s'était pas laissé dépister : son regard d'enfer sur moi acharné me vrillait ; sous le gant mat de deuil, son long index, sa main maigre, tout elle était sur moi tendu, accusant, dénonçant, mettant au comble mon trouble, — et j'entendais clairement la vipère noire siffler :

— *LUI !* — *A LUI, donc !!!* — *Ne parle donc qu'à LUI !!!*

Ce n'était pas une mère, en effet, qui était là : il n'y avait que la marâtre, la belle-mère, l'éternelle, implacable haine, — la seule vipère qui ne répugne pas à la proie non vivante : celle-ci achevait le gendre mort, mâchant des mêmes morsures — et qu'importait à son exécration ! — le cœur de sa propre fille...

La jeune veuve s'était levée, — et, tout contre moi, bien face à face :

— Sur votre honneur, monsieur, — en homme

d'honneur, — dites ce qui est la vérité : — oui ou non, a-t-on déjà remis de ces portraits ?...

Pourquoi me manqua-t-elle, la force de m'oublier, de me renier, moi, en ne voyant plus que la malheureuse qui était devant moi, attendant son arrêt ? — Oserai-je donc proférer ici que je n'avais menti jamais, — et était-ce alors pour sauver ? Quelle morale, quel Dieu eussent cette fois réprouvé mon mensonge ?

Mais quoi ! mon trouble, ce trouble décelant, incoercible, n'avait-il pas déjà que trop répondu, et comment récuser cette dénonciation de moi-même par moi-même, quand cette vérité dont on me sommait éclatait, aveuglante ? Un arrêt mortel doit-il donc être absolument prononcé deux fois ?

Le sol sous moi achevait de s'effondrer... — Péniblement, je balbutiai :

— Vous avez déjà trop vu, madame, qu'il ne m'est pas possible de vous mentir...

Je crus qu'elle allait tomber : — je me précipitais...

Mais elle s'était déjà redressée, et, sans une parole, emportant le fer cassé dans sa blessure, elle se retirait, suivie de cette mère, son bourreau... — que j'avais aidée...

***

Depuis, — depuis tant d'années déjà! — combien de fois l'ai-je revue dans notre Paris, celle à qui j'avais fait sans le vouloir tant de mal, un mal qué jamais — intolérable pensée! — il ne me sera donné de réparer ! — Tout un monde de souvenirs chers, tout un passé de jeunesse, d'amour, de confiance, effondré : au lieu de la douceur amère mais attendrie au souvenir des beaux jours écoulés côte à côte avec l'être aimé, l'inexorable ressentiment, l'indignation de l'épouse trahie, outragée, — au lieu du respect, de l'amour, la haine, le mépris à jamais...

Combien, combien de fois je l'ai retrouvée, subitement, à un angle de rue, à un autre, partout, arrêtée tout d'un coup sur moi, toujours vivant rappel de l'heure atroce, — immobile et me perçant froidement de ces yeux calcinés — que je vois toujours...

LE DOCTEUR VAN MONCKHOVEN

Parmi les lectures essentielles, de plus en plus
rares, qui peuvent élever les âmes et affermir les
cœurs, peu de pages sont aussi éloquentes dans
leur brièveté parfois un peu pompeuse, suivant la
mode du temps, que les quelques feuillets du Rapport présenté à la Convention Nationale par Fourcroy, au nom du Comité de Salut Public, — *Sur les
Arts qui ont déjà servi à la défense de la République
et une dernière découverte du citoyen Armand
Seguin.*

A quelque opinion qu'on appartienne — et pas
même besoin d'être Français, — il est impossible de
ne pas ressentir une émotion généreuse devant ce
document de l'admirable effort d'un peuple décidé à
ne pas périr ni reculer sous l'univers conjuré contre
lui.

« ... Tout manquait à la fois, hommes, matières et temps. » Il fallait tout créer, « ... vaincre à chaque pas la résistance même de la nature, l'inertie de la paresse et de l'insouciance, les obstacles de la malveillance. »

Dans ce rapport, véritable bréviaire patriotique, et rapidement, car il n'a lui-même temps à perdre ni à faire perdre, Fourcroy expose quë des fabriques d'armes, immédiatement et par tout le territoire improvisées, ont déjà répondu aux premiers besoins : Paris lui seul a fourni ou mis en état cent cinquante mille fusils.

En neuf mois, douze millions de livres de salpêtre ont été livrées, lorsqu'on en obtenait à peine un million par année moyenne. — Vingt-quatre heures suffisent dorénavant pour la fabrication de trente milliers de salpêtre.

Notre aciérie, jusque-là tributaire des autres peuples, s'émancipe d'un coup et devient nationale. Partout nos ateliers de fabrication se multiplient : on crée les canons en fer de fonte.

Le télégraphe — « ce nouveau courrier révolutionnaire » — inspire et impulse d'un même souffle les mouvements de nos armées éparses, en même temps qu'il nous impose l'étude et la fabrication méthodique du flintglass que nous empruntions à l'ennemi, lequel ne devait lui-même chaque fois sa composition qu'au hasard.

L'école d'aérostation de Meudon construit des bal-

lons et forme les élèves des compagnies d'aérosta-
tiers ; chaque corps d'armée aura son parc d'aérostation comme il a son parc d'artillerie. Aux plaines
de Fleurus, aux remparts de Maubeuge, à Franckeu-
thal, Ehrenbreistein, partout, nos ballons frappent
l'ennemi de stupeur et commencent sa défaite.

Le chanvre, le goudron, la potasse, tout ce qui
fait défaut, est suppléé : on tresse les cordages avec
des végétaux jusque-là négligés, même avec des
matières animales.

Mais la fabrication du salpêtre absorbe toute notre
potasse et l'on va être réduit à fermer les fabriques
de verrerie, savonnerie, blanchiment, etc. : immédiatement la soude vient remplacer la potasse.

Nous avons jusqu'ici payé tribut pour le goudron :
désormais notre charbon de terre, notre tourbe purifiée nous le fourniront.

Il n'est pas jusqu'à la mine de plomb qui nous
manque, jusqu'alors fournie par la seule Angleterre :
— Conté (— « toutes les sciences dans la tête, tous
les arts dans la main, » disait Monge —) Conté, de
la première rencontrée de nos montagnes, extrait le
carbure de fer dont il va composer les crayons que
nos écoliers emploient encore aujourd'hui et que
l'Angleterre à son tour nous empruntera.

Et cette première, absorbante préoccupation de la
guerre, loin d'être l'obstacle, devient au contraire le
plus précieux adjuvant des arts de la paix. Les com-
missions scientifiques militaires accélèrent l'étude

de toutes les productions utiles aux usages domes-
tiques. Une ardente jeunesse se presse aux cours
publics ouverts sur toutes les sciences à l'École de
Mars, à l'École centrale des Travaux publics, aux
trois Écoles de Santé, partout, et le progrès de l'instruction universelle qui doit renouveler et améliorer
toutes les conditions économiques de nos existences,
se trouve résulter naturellement de la préparation
aux combats.

Le fait qui conclut le rapport de Fourcroy est saisissant.

Pour les quatorze armées improvisées que l'on
compte à la République — en oubliant d'ordinaire
celle de Saint-Domingue, qui ne resta pourtant pas
oisive — il fallait des souliers, et tout de suite.

Si l'on ne porte alors qu'à deux paires de souliers la consommation annuelle de chaque citoyen
de la République, la dépense est d'un milliard : pour
les armées seules, c'est cent quarante millions. A
cette heure la dépense est de deux cents millions,
représentant environ quinze cent mille peaux de
bœufs, douze cent mille peaux de vaches et un million de peaux de veaux : tout cela « — devant passer, dit le Rapport, par la chamoiserie, la corroirie,
l'hongrerie, la maroquinerie, la mégisserie, la par-
cheminerie, la peausserie ; encore nombre d'autres
« *arts* » de non moindre importance qui en dérivent

immédiatement. Ces « *arts* » doivent donc fixer l'attention des législateurs. Comme tous ceux de première nécessité, ils concourent efficacement à la prospérité de la République et peuvent nous donner, dans la balance commerciale des nations, un avantage considérable sur toutes les puissances de l'Europe... »

On voit qu'ici tout est pris de haut et de loin et que les considérations d'économie générale ne perdent pas leur place même devant les si graves préoccupations guerrières du moment.

Pour nous en tenir à l'heure présente et pour la seule cordonnerie, à la rigueur on a le cuir ; mais ce cuir, débourré et gonflé par la chaux, l'orge fermenté ou le tan, le tannage doit le garder deux ans dans ses fosses avant de nous le livrer.

Ce n'est pas en deux ans, c'est en deux semaines, en deux jours qu'il nous faut ce cuir.

On l'aura.

Sur un signe du Comité de Salut Public, Berthollet vient aussitôt de présenter le procédé d'Armand Séguin qui, traitant les peaux par l'acide sulfurique mêlé au tan, supprime l'orge, réduit les dépenses au vingtième, le temps à rien, simplifie et vulgarise l'opération à ce point que chaque citoyen pourrait désormais préparer chez lui les cuirs nécessaires à sa consommation — « plus facilement qu'il ne fait sa lessive ». — Et ce cuir nouveau, donné sur l'heure, sera plus souple, plus solide et durable que le cuir ancien...

Jamais une fois le souvenir de ces pages qu'on ne saurait assez relire, assez redire, — les plus belles que l'âme humaine ait dictées au génie humain, — jamais ce souvenir ne m'est revenu sans que j'aie aussitôt évoqué celui de mon cher Monckhoven, coume toujours ma pensée allant à Monckhoven évoquait le rapport de Fourcroy.

*
* *

C'est que Van Monckhoven était lui aussi un de ces savants auxquels on peut *commander une découverte*.

Il était vraiment digne de naître à cette époque héroïque, et il eût été l'un des plus brillants dans la pléiade des Condorcet, Lavoisier, Monge, Chaptal, Vauquelin, Lalande, Fourcroy, Bossut, Darcet, Conté, etc., comme il reste l'un des premiers aujourd'hui entre Janssen, vérificateur juré du soleil, les frères Henry qui imposent leur *ne varietur* (ne bougeons plus !) aux dernières nébuleuses, marquant les sorties et escapades des comètes, et cet invraisemblable Marey qui nous fait voir l'invisible.

et va bientôt, à son heure, nous faire voler comme
l'oiseau.

Monckhoven avait tout pour lui, notions univer-
selles, passion de la recherche, activité physique et
intellectuelle sans égale, acuité d'invention et prestesse d'assimilation, sûreté de coup d'œil, sagacité
d'observation, ingéniosité d'application, fécondité de
moyens et ressources, souplesse devant l'obstacle :
ajoutez encore à toute la dextérité de l'expérimen-
tateur la persévérance poussée jusqu'à l'obstination.

Sa science acquise s'accroissait par un travail personnel incessant, — car, dit un des orateurs qui se
succédèrent sur sa tombe, « qui le vit se reposer jamais ? A partir de l'âge d'homme il a pu compter ses
jours par des découvertes ingénieuses et des recherches fécondes. »

Ce producteur était en effet tout le contraire du
type trop connu dans un monde où, comme ailleurs,
l'empire est d'abord aux impudents ; je veux parler du
pseudo-savant, du parasite cryptoramique ou plutôt
pédiculaire, fréquentant plus aux antichambres
qu'au laboratoire, se parant de toutes plumes qui ne
sont pas siennes, important, boursouflé, chamarré,
n'ayant autre ressource que monter sur les autres
pour hausser sa petitesse et décrocher les merceries
de sa boutonnière, voire de son hausse-col : —
mouche du coche de tous les comités ou commis-
sions, frelon dont l'existence stérile se passe à bour-

donner autour du trou des abeilles sans y entrer jamais.

Et si l'œuvre de Van Monkhoven n'avait été brusquement en pleine floraison coupée par la mort, — il avait quarante-huit ans à peine, — que ne pouvions-nous attendre encore de celui qui nous avait déjà tant donné, continuant à arracher à la nature ses secrets et vulgarisateur si passionné qu'il se faisait industriel pour les mieux répandre.

La photographie, née de la veille, l'avait aussitôt happé. Héritier né direct des Niepce, des Talbot, des Poitevin, abordant tout de suite et à fond la pratique dès que la théorie lui est révélée, il ne s'arrêtera plus. Coup sur coup, il nous donne un *Nouveau procédé pour plaques de fer* (ces « ferrotypes » qui sont encore à l'heure présente l'existence pour tant d'humbles familles) — la *Méthode simplifiée de la Photographie sur papier*, — le *Traité de la Photographie sur collodion*, — l'*Histoire du procédé au charbon*, — le *Procédé de la pratique du charbon*, etc., et il condense toutes ces études initiales dans son précieux *Traité de Photographie* dont les éditions successives ne s'arrêteront plus : non pas, s'il vous plaît, ces éditions d'invention récente, aux milliers fantastiques, réels principalement sur les couvertures. — A chacune de ces éditions, il ajoute, il remanie, dans son zèle d'honnête homme, dans sa conscience scientifique toujours inquiète, inassouvie. Je l'ai vu, chaque fois, préoccupé, absorbé, fiévreux, comme à un enfantement nouveau.

Il va toujours, élargissant son cercle sans perdre un instant de vue la photographie. Il publie les *Études sur la Nitroglucose,* — *les Divers Modes de production de la Lumière,* — *le Gélatino-Bromure,* le *Traité de l'optique photographique,* où il a si bien exposé toutes les formes de lentilles adoptées, leurs qualités et leurs défauts, que, dès 1882, le grand opticien Steinheil déclare publiquement — et s'en honore — qu'il doit à l'enseignement, à l'impulsion scientifique de Van Monckhoven, l'inspiration de ses plus importants travaux.

Partout et dans toute science nouvelle, faire est aussi nécessaire que savoir. De l'invention et de la théorie, Van Monckhoven est partout et aussitôt à la pratique, à l'action.

Il avait déjà construit, pour les agrandissements, son appareil dialitique avec héliostat, supérieur aux meilleurs systèmes jusqu'alors connus.

A la première apparition des procédés au charbon, il prend la tête de la fabrication industrielle et ses papiers remplacent tous les autres.

De même pour ses plaques au gélatino-bromure dont il a créé à Gand une industrie considérable, employant à peine installé plus de dix mille kilos de verre par semaine, produisant une moyenne de douze cents douzaines de plaques par jour, —

près de quatre millions et demi de plaques par an.

Chef de famille modèle, adoré autant que vénéré des siens, c'est à l'intelligence, à l'activité de ses plus proches, à des mains féminines, qu'il confie la direction de cette usine, large patrimoine improvisé pour ses filles, qui aura été créé pour la famille par la famille.

*
* *

Mais, laboratoire privé ou manufacture, la photographie ne saurait suffire à la curiosité de ce cerveau universel et insatiable. Indépendamment des sciences participantes qu'il persiste à creuser et de tous les autres problèmes qu'il poursuit, c'est à l'astronomie, sa préférée, qu'il revient sans cesse. — Et là où il se sentait le plus fort, de par l'attraction spéciale et le premier courant de toutes ses études, c'est là que, déplorablement, il ne pourra donner la vraie mesure de sa force. Par une de ces contradictions qui se rencontrent dans plus d'une de nos destinées, c'est là où il est surtout appelé qu'il ne saura aller librement : d'autres attaches, d'autres devoirs l'ont pris au passage et ils le garderont.

Il fallait l'entendre parler de sa passion pour l'astronomie. On eût dit un amant chantant les charmes de « *la personne* », de la personne adorée, inaccescessible, inespérable. Moi-même, malgré mon irrésistible aversion de tout ce qui est chiffre, ma terreur native de tout ce qui ressemble à l'exécrable chiffre, je ne pouvais me défendre d'être touché à l'accent de cette passion, tellement sincère, émue, pour des affaires d'algèbre : parfois je me sentis enlever moi-même avec mon ami par l'éther, emballé vers l'inextricable cosmogonie, dans la contagion d'une poétique inimaginée où nous allions voir tout à l'heure les théorèmes s'arrondissant au rythme des périodes et les mnb^2 s'envolant en strophes ailées...

Mais le devoir était là, strict, jaloux. L'astronomie devait lui échapper, et cet hymen tant aspiré, qui eût pu être si fécond, Monckhoven n'eut pas le temps de le réaliser. Son rêve resta rêve.

Pourtant il trouva plus d'une fois à s'échapper pour tirer de ce côté. Son activité surhumaine savait par-ci par-là se réserver de chers loisirs au profit de sa plus fervente attraction.

Il s'était élevé pour lui seul un observatoire où il entassait les instruments qu'une nation seule peut se donner [*]. Il n'eût su là, moins que partout ailleurs, compter ni marchander. Rien n'était trop cher, et il construisit lui-même des télescopes dont les modèles étaient copiés dans les premiers observatoires du monde.

Et ces dépenses, ces efforts, n'étaient, ne pouvaient être stériles. Lorsque me fut donné le bonheur

[*] Cet observatoire, acheté par le gouvernement belge après la mort de Van Monckhoven, est aujourd'hui propriété nationale.

de mettre en communion deux de mes meilleures,
de mes plus hautes amitiés, en réunissant pour la
première — et la dernière fois ! — Monckhoven et
Marey, Monckh (comme nous disions) apportait à
Marey pour être présenté à l'Académie un mémoire
*sur l'élargissement des voies spéciales de l'hydrogène
et sur la diffusion des rayons solaires.*

Au moment de sa mort, il terminait un travail sur
les gaz raréfiés et l'électricité.

*
* *

Comment nous étions-nous rencontrés, Monckhoven et moi ?

Je ne l'avais jamais vu, lorsque, par un clair et
tiède matin d'il y a quelque trente ans, mon excellent Ghemar me tomba, de son atelier de Bruxelles,
dans mon atelier du boulevard des Capucines.

Il était accompagné de deux amis, l'un chimiste
français établi à Berlin, l'autre un très jeune homme,
de petite taille et blond.

Les premières amitiés échangées entre Ghemar et
moi, il me dit, mettant la main sur l'épaule du blond
imberbe :

— Je te présente Van Monckhoven.

— Parent du *Traité*?

— Non. Auteur.

Je regardais, surpris, ce tout jeune homme,
presque un enfant, d'un blond pâle, butyreux, le

vrai blond belge. — Et comme, le nez en l'air, il tenait sur moi braquées les deux escarboucles de ses
lunettes, si luisantes qu'on n'entrevoyait rien au
travers, — je lui dis :

— *Toi* — c'est *Toi* qui as fait le *Traité de Photographie?*

— Oui !

— Tu n'es qu'un petit menteur ; c'est ton grand-
père...

Depuis, et sans arrêt jusqu'à sa mort, combien
d'années — trop tôt écoulées aujourd'hui ! — de
gaie, douce, fraternelle amitié, sans que jamais
l'ombre d'un nuage ait entre nous passé...

*
* *

Il avait mérité la belle et joyeuse humeur qui
appartient de premier droit aux consciences tran-
quilles, et il était d'ailleurs de ces sages qui veulent
que le rire soit le propre de l'homme bien portant.
Toujours allègre, agité et bruissant comme un papillon de ver à soie devant sa ponte — et de fait n'en
fut-il pas toujours là ? — ce Flamand, ce Gantois
avait toute l'exhubérance sympathique du Wallon :
Rops, Rops lui-même ne fut jamais plus étincelant,
plus vivant de cette belle et bonne vie des honnêtes
gens. — Hélas ! de mon pauvre Monck, puis de

mon tant cher Rops, de toutes ces joies, de ces vaillances, que reste-t-il aujourd'hui ?...

*
* *

Il avait la noble indifférence à ce qui se possède, la libéralité, la générosité des grandes âmes, et il eût pu prendre pour son cachet la devise des Ravenswood, une des plus belles que je connaisse : « — *La main ouverte.* »

Lorsqu'il construisit ses appareils d'agrandissement avec héliostats, sa première parole fut :

— Je vais t'en envoyer un.

Je déclinai l'offre. Je savais le prix élevé de ces instruments (trois mille francs alors, je crois) et quelque urgent que fût pour moi le besoin de cette acquisition, elle se trouvait à ce moment intempestive.

Comme il insistait, je finis par lui dire le motif. — Il s'emporta :

— Te moques-tu de moi et crois-tu que je cherche à faire avec toi « une affaire ? »

J'eus beau me débattre : il était à peine reparti que je recevais l'instrument, avec un mot affectueux pour remplacer l'acquit de facture : nous étions, lui et moi, négociants !

Il fallait se soumettre — et attendre l'heure de la vengeance.

Ce fut long, mais elle sonna.

Dans un de ses voyages à Paris (— il ne manquait point de descendre chez moi, et alors quelle fête pour nous, surtout quand il était avec les siens ! — il me parla de ses intentions d'acheter un moteur à gaz, force d'un cheval, dont il avait besoin.

Justement je me trouvais en posséder un, à ce moment inoccupé. — Il était de deux chevaux, mais la force doublée ne pouvait faire grand obstacle.

Immédiatement et sans dire gare, la lourde machine est démontée, nettoyée comme orfèvrerie, emballée, pièce par pièce, avec le soin le plus méticuleux et sur Gand expédiée franco, comme il se doit pour tout présent.

Mon brave Monck, plus accoutumé à donner qu'à recevoir, se montra ébloui de l'envoi, bien au-delà du nécessaire.

— Tu fais des cadeaux de gentilhomme, m'écrit-il.

— Gentilhomme toi-même, c'est toi qui as attaqué.

Il avait oublié son premier présent : « — Bon, reprend-il encore, mais rendre bœuf pour œuf !... »

Comme s'il n'eût pas connu, lui avant tous, qu'en amitié celui qui reste l'obligé est celui qui donne...

*
* *

Brave et cher compagnon sitôt parti ! Quelle affec-

tion perdue, quelle fidélité, quelle loyauté ! —
Affable, bienveillant à tous, sévère seulement aux
tardataires et aux enlisés, dès son début il s'était
naturellement trouvé en relations personnelles avec
tout ce qu'il y a d'éminent dans le domaine de la
science abstraite comme dans la science industrielle.
Ces relations, qu'un aussi heureux caractère ne
pouvait que resserrer de plus en plus intimement,
étaient devenues à jamais inébranlables. J'en retrouve à foison les preuves les plus touchantes dans
le volumineux dossier recueilli par la piété de sa
veuve aux heures des obsèques, en ce triste mois de
septembre 1882. La presse de tous les pays, les
lettres, les télégrammes, attestent l'universel respect
pour le savant, non moins que l'extrême estime et
l'affection pour l'homme.

Esprit libre s'il en fut, âme haute, il a toujours
vécu en dehors et bien loin de toutes les attaches
officielles, de toutes les conventions, de tous les ar-
bitraires, ne voulant s'en tenir qu'à faire bien. Sa
mort a été conforme à toute sa vie d'honnête homme.
— Il est du tout petit nombre de ceux qui restent
l'Honneur d'une nation.

Oui, le regard était clair assurément et la vue
longue chez ce fils de son œuvre, dès l'aube dégagé
de tous liens, qui sut voir si nettement l'erreur se
faisant vérité et la vérité devenant l'erreur, en deçà
ou au delà d'un ruisseau, d'un caillou, d'une mare,

— et qui, observateur si méticuleux, calculateur si attentif et rigoureusement précis dans les infinitésimalités comme par les espaces, ne craignit pas, à l'heure qui sonne, de proclamer la liberté Humaine et sa propre Foi par cette transcendante affirmation qui le résume :

Ni en sciences, ni en arts, ni en morale, il n'y a de formules.

LA PHOTOGRAPHIE OBSIDIONALE

Je relisais et lisais encore les pages exquises où Legouvé — un homme, un poète, — encore tout ému et pénétré de reconnaissance, rappelait l'inoubliable bienfait de la Photographie postale aux cruels jours du siège.

Et ce m'était une douleur de penser que nous ne savons même pas à qui nous avons dû ce précieux secours. Nous ignorons jusqu'au nom de celui qui vint apaiser et sustenter enfin tant de « *cœurs qui avaient faim et soif depuis tant de longs jours* »... Quelqu'autre n'aura-t-il pas osé usurper cette gloire?

Car il en est ainsi : quand ce n'est pas lacune, c'est inexactitude. Aussi en voyant chaque matin le plus indifférent incident de carrefour, qui s'est passé hier sous nos yeux, raconté par nos journaux d'autant de façons diverses et parfois contradictoires,

que pouvons-nous croire de tout ce qui nous a été
transmis des siècles antérieurs, — et que vaut l'Histoire ?

Pendant que je suis là encore, au moins puis-je
établir l'origine d'un fait aussi intéressant dans les
légendes du siège parisien et rendre témoignage à
celui dont le désintéressement trop rare nous laissa
ignorer un nom que nous n'avions qu'à « *admirer,
aimer, remercier et bénir* »...

*
* *

Donc, lorsqu'il s'agit de suppléer dans Paris la
poste interceptée par le blocus allemand, le petit
matériel aérostatique que nous avions dès le début et
de notre initiative privée installé place Saint-
Pierre, à Montmartre, se trouvait tout prêt. Est-il
besoin de redire qu'en improvisant ce service
nous avions d'abord rêvé de reprendre la précieuse
tradition des aérostats militaires perdue depuis Cou-
telle et Conté, mais que nos instances obstinées ne
purent jamais arracher cette décision du Gouvernement dit de la Défense Nationale, — bien que chaque
jour pendant ces quatre rudes mois nous fussions
réclamés d'urgence sur trois points principaux de
l'extrême défense de Paris, foudroyés par un ennemi
invisible...

Faute d'autres destinées aspirées, j'eus au moins la

satisfaction patriotique d'organiser et d'inaugurer le service de la poste aérienne en lançant par-dessus les lignes allemandes le 25 septembre, le premier de nos ballons-poste, le *Neptune*, monté par Duruof *.

D'autres départs de ballons se succédèrent bientôt presque quotidiennement **, emportant par pleins sacs et ballots bondés les chères nouvelles aux familles lointaines. Ce fut pour nos assiégés à la fois un soulagement et un encouragement.

Ce mode de déjouer l'investissement ne fut pas d'autre part du goût des Prussiens qu'il sembla désappointer au delà de ce qu'on eût pu supposer. Leur menace d'assimiler à l'espion et de fusiller sur place chaque aérostier qui tomberait sous leurs mains,

---

* Un souvenir tout spécial est dû à ce brave garçon, avant tout autre choisi par moi pour ce premier départ qui ne devait être confié qu'à un homme très sûr et expérimenté.

Il s'était une fois déjà à demi noyé au cap Gris-Nez avec ce même *Neptune* qui nous servait faute d'autre, depuis nombre de jours, pour nos ascensions captives, — tellement ruiné, à jour, et desséché qu'il était devenu friable et qu'à la descente, selon l'expression de Duruof, les doigts entraient dedans entre chaque maille « comme dans du *plaisir* ».

Tout fier et joyeux de partir premier, même dans ces périlleuses conditions, Duruof sacrifia à cet honneur, sans une seconde d'hésitation, sa moitié dans les bénéfices de la fabrication des Ballons-Poste dont j'avais conclu le traité l'avant-veille avec l'administration, au profit de mes deux aides. Cette moitié de bénéfices était son unique fortune.

** Il y eut même des doubles départs simultanés ; ainsi le jour où Gambetta se décida enfin à se laisser enlever par nous, — ce jour-là n'étant plus *un vendredi*.

cette menace, édictée hors de toute mesure et de
tout droit des gens, en témoignerait au delà si la
méchante humeur qu'ils ressentirent n'avait laissé
trace indélébile et vengeresse dans le pamphlet où
Wagner nous envoya le dernier coup de pied. C'est
en effet bien là que, — sans parler de la générosité
de toute âme humaine devant l'ennemi vaincu, —
c'est bien dans ce *Chant du Scalp* que le fiel de leur
grand compositeur a génialement concentré en
épaisseur toute la délicatesse, toute la grâce attique
et la sveltesse, tout l'esprit de sa race, — race déjà
reniée par leur « libéré » Heine, dès le temps où le
vainqueur se découvrait devant les légions désar-
mées.

A un point de vue personnel — et puisqu'il faut
qu'il y ait toujours « la petite pièce » à côté de la
grande, — il y eut pour nous quelque comique dans
notre subite importance.

Jamais certes, après avoir touché dans notre existence à bien des besognes diverses, jamais nous
n'aurions rêvé notre dernière incarnation sous
l'esthétique du chapeau verni à cocarde et avec une
boîte de facteur sur le ventre. — Et pourtant, sans
aucun autre titre ici que l'unique obstination de
notre initiative personnelle, — sans nomination, sans
promotion ni qualification officielle d'aucune sorte,
— sans émoluments surtout ! (— première condition
intégrante, consitutive de tout fonctionnarisme dans

la cité telle que nous la rêvons... —), — n'ayant
pas même les vivres du soldat qui nous eussent été
doux, mais que personne ne pensa à nous offrir et
que nous ne savions pas demander, — nous nous
trouvions, ces premières heures, de fait, en chair et
en os, le réel « *Directeur* » de la Poste centrale,
section des départs, — c'est-à-dire de la Poste tout
entière puisqu'il n'y avait pas d'arrivées.

C'était à nous, en effet, — à nous seul, — et à quel
autre donc, à cette heure ? — que s'adressaient en
toute instance, directement ou sur présentations
recherchées, les *recommandations* de lettres de nos
plus hauts personnages, hommes politiques, magis-
trats, gros financiers, des Rothschild comme des
Pereire, et surtout — renversement bizarre et retour
des choses d'ici-bas ! — nos directeurs de chemins
de fer *mis à pied* et en grève forcée pour l'instant,
— tous nous suppliant de confier leurs missives à la
sacoche de l'aérostier par nous désigné pour le départ
du jour. J'ai gardé bonne partie de cette correspondance, assez curieuse à revoir aujourd'hui. — Que
dire de plus : en tête de ces éminents solliciteurs
plus pressé et empressé que tous les autres ensemble,
c'était le Directeur des Postes lui-même, le titulaire,
l'officiel, le vrai, puisqu'il était, Lui, l'homme aux
honoraires, — qui accourait me demander d'insérer
ses épîtres de famille dans le portefeuille personnel de mon équipier...

Mais ces souvenirs doivent trouver leur place ailleurs.

⁂

Envoyer nouvelles du dedans était déjà quelque chose : il s'agissait maintenant de recevoir nouvelles du dehors.

Nombre de projets affluèrent : messagers piétons, déterminés mais aléatoires ; boules hermétiques de métal abandonnées entre deux eaux au cours de la Seine pour être recueillies par nos filets tendus, etc.

Aucun de ces moyens ne se présentait avec le caractère de certitude, de méthode et de suite indispensables à un service public.

Nous avions bien reçu déjà la proposition d'un bon colombophile de Batignolles qui, présenté par notre vieil ami Lucien Puteaux, mettait son colombier à notre disposition. Chaque ballon emporterait un panier de ces pigeons parisiens qui rapporteraient à tire-d'aile au colombier les messages attendus.

Le principe se trouvait acquis, autant qu'il pouvait l'être. — Mais quel poids peut supporter le vol d'un pigeon, et qu'était cette chétive ressource en présence de tant de besoins ? — Je n'étais bien certainement pas le seul à tourner et retourner dans

mon cerveau cette question de si grande importance...

* *
*

Nous couchions généralement sur cette place
Saint-Pierre, où nous avions pu obtenir finalement
de la mairie Clémenceau quelques bottes de paille
sous deux tentes-abris. Ce fut immédiatement le
rendez-vous de tous les chiens errants de Montmartre qu'on n'avait pas mangés encore et auxquels
nous faisions fraternel accueil. Quand il fait froid
aux pieds, une bonne chancelière nature ne peut
être acceptée qu'avec tous égards et reconnaissance.

Je tâchais généralement de m'évader pendant une
interruption de service, à l'heure où on dîne (— ?...),
pour courir chez moi prendre nouvelles des miens.
Mais ce n'était jamais sans l'appréhension de tomber
dès l'entrée de ma demeure en pleine litanie d'inventeurs qui résolument m'attendaient sur place,
apportant avec la plus louable volonté du monde
les projets les plus fous, mais toujours infaillibles,
de ballons dirigeables et autres « poissons volants ».

Dans l'une de ces échappées, — et précisément ce
soir-là j'étais plus que jamais absorbé dans la préoccupation du grave problème, — se présente un
monsieur, du meilleur aspect, qui à premier mot

aborde la Question en me demandant au préalable si on a trouvé quelque chose qui rende sa démarche inutile? — Sur ma réponse négative, mon visiteur s'explique.

Ingénieur, attaché, si je me rappelle, à un grand établissement d'industrie sucrière, et ne s'étant jamais occupé de photographie, c'est sous toute réserve et avec sa bonne volonté pour excuse s'il se trompe, qu'il m'apporte à tout hasard la théorie qui a traversé son cerveau.

« — La question, dit-il, étant donc de faire transporter par un pigeon la quantité la plus considérable de messages, je suppose que dans tout centre postal important : Lyon, Bordeaux, Tours, Orléans, etc., ou bien encore au besoin en concentrant tous les services sur un seul point, chacun apporte au bureau des départs sa correspondance, écrite sur recto seulement, adresse du destinataire en tête, et calligraphiée aussi net que possible.

» Un atelier photographique spécial se trouve là installé sous un praticien expérimenté.

» Toutes les lettres apportées sont juxtaposées les unes à côté des autres sur un plan mobile, en un nombre à déterminer, cent, deux cents, cinq cents, mille. — Une glace sans tain les maintient en les pressant.

» Cet ensemble une fois complet est alors redressé verticalement pour être aussitôt photographié au minimum de réduction possible, — au centième, au millième, que sais-je ?.

» Seulement, au lieu de photographier sur verre ou papier comme pour les clichés ordinaires, l'opération doit être exécutée simplement sur collodion dont la substance m'apparaît le prototype comme entité, absence de grain, transparence, flexibilité et surtout ténuité.

» Ce cliché micrographique d'un poids presque nul est adapté à l'un des pennes ou pattes de l'oiseau dans les conditions habituelles des dépêches par oiseau.

» Aussitôt à destination, la contre-opération : — agrandissement du cliché micrographique de chaque missive, amplifiée jusqu'au format courant, pour être aussitôt découpée, mise sous pli et adressée à chaque destinataire. »

D'un coup, la lumière venait de se faire : la solution était là, dans le bienfait de ces pellicules, — et je restais frappé, admirant l'ingénieuse simplicité du procédé non moins que la modeste réserve de celui qui me l'exposait.

« — Je vous félicite de rendre un tel service au pays, monsieur, et je vous remercie de l'honneur de votre communication. Votre idée me semble toute rationnelle et d'exécution pratique : au plus vite maintenant l'exécution ! — Vous n'avez plus qu'une chose à faire : sans perdre un instant courir au Ministère des Postes et...

16.

— Pour ceci, monsieur, non ! Je suis satisfait que mon idée vous paraisse applicable : faites-en ce que vous voudrez, mais je n'entends en aucune façon me mettre en avant ni me targuer d'une trouvaille de hasard. Je suis indépendant par position et par goût ; je n'ai besoin de rien, je ne demande rien et ne veux rien. »

Je pris sa main que je serrai...

« — Encore mieux d'accord ! — Mais vous admettrez pour moi-même qu'il ne puisse me convenir d'aller, sans vous, présenter un projet qui est vôtre. Pourquoi me refuseriez-vous seulement de venir de compagnie demain matin vers celui qui peut le réaliser ? Nous serons vous et moi, demain à la première heure, reçus aux Postes par le chef du Cabinet, M. Mercadier, qui supplée Steenackers parti, et là, bien mieux que moi, vous exposerez votre système. »

Il céda enfin et il fut arrêté que le lendemain dès l'aube il viendrait me prendre, ayant sa voiture, qui me manquait.

*
* *

Au tout petit jour il était là.

Avant de nous rendre rue de Grenelle, je lui fis

observer qu'il serait peut-être bon de nous mettre préalablement en rapports et confirmation avec un photographe habitué aux travaux de micrographie : il fallait aller vite ! — J'avais pensé à un praticien nommé Dagron que je ne connaissais point personnellement mais que sa notoriété spéciale nous indiquait.

Nous arrivions aussitôt rue Neuve-des-Petits-Champs, à l'angle de la rue Louis-le-Grand, sonnant pour éveiller la maison. — Le projet exposé et approuvé, je demande au confrère s'il se trouve disposé à prendre au pied levé dans une de nos nacelles le chemin quelconque qui le conduira à Tours. Il accepte à premier mot. — En nous quittant :

« — Vous avez compris, lui dis-je, que ce n'est pas « une affaire » que je vous apporte : vous demanderez vos frais, — stricts ! Notre pauvre France n'est pas riche à cette heure. »

Il paraît toper de plein cœur.

Au ministère, immédiat et excellent accueil. Mercadier est transporté et plus encore lorsque je lui apprends que nous nous sommes déjà entendus avec l'homme spécial, prêt à partir sur premier appel. Tout est, comme on dit, « mâché. » — Mercadier entend que je suive l'opération avec le micrographe et insiste « dans mon intérêt », veut-il bien me dire. J'arrive à lui faire admettre que je serais là inutile, ne m'étant jamais occupé de ce qui a été l'étude principale du confrère, — et que, ne faisant pas d'affaires, à cette heure-là surtout, j'ai autre chose qui m'appelle ailleurs...

(— Croyez-vous que je m'obstinais encore sur ma première piste, à attendre du Trochu mes ballons d'observations militaires ?...)

*
* *

Donc, Dagron partit en ballon. Aussitôt parvenu à Tours, il y installa de toute sa compétence et mit au mieux en œuvre le précieux service qui lui était confié. — Notre Paris, strangulé par son angoisse des absents, enfin respira !...

Je n'ai pas revu depuis cette unique fois l'excellent micrographe Dagron que j'avais si justement choisi et désigné. Mais je ne doute pas que son désintéressement civique se soit rappelé qu'à cette heure-là on ne faisait pas d' « affaires ».

Et je ne suis pas moins convaincu que, dans la relation par lui publiée de sa mission sur Tours, il a rendu l'hommage mérité au trop modeste inventeur dont l'initiative seule lui avait indiqué le chemin.

*
* *

— Et cet inventeur initial?

— Qu'on me pardonne à moi-même !... — Au centre de la fournaise où nous vivions tous alors,

LES PRIMITIFS DE LA PHOTOGRAPHIE

Les *Daguerréotypeurs* Chevalier et Lerebours. — Richebourg.
— Vaillat. — Legros. — Thierry de Lyon. — Claudet de
Londres. — Le caricaturiste Randon. — Les *photographes*
Bayard. — Poitevin. — Paul Férier. — Bertsh et C. d'Ar-
naud. — Gustave Le Gray. — Moitessier. — Taupenot. —
Fortier. — Olympe et Onésyme Aguado. — Edouard et
Benjamin Delessert. — Edmond Becquerel. — Bareswill
et Cⁱᵉ. — Van Monckhoven. — Léon Vidal. — Adam Salo-
mon. — Numa Blanc. — Hampsteingl, de Munich. — Mayer
et Pierson. — Le peintre Ballue. — Les frères Bisson et leur
opérateur Marmand. — Marville. — Adrien Tournachon. —
Alophe (Menut). — Berne-Bellécourt. — Louis de Lucy, La-
fon de Camarsac, Mathieu Deroche. — Carjat. — Bertall. —
La *photosculpture*. — L'imprimeur Lemercier. — Disderi. —
Warnod. — Lazerges et Dallemagne. — Braun, de Dornach.
— Lewitzki, Lejeune, Joliot. — Luckhardt, de Vienne. —
Alessandri, Daziaro, Abdullah. — Séverin, de La Haye. —
Les frères Sarony. — Ghemar, de Bruxelles. — Silvy. —
Walery. — Nadar.

Nous sommes à une époque de curiosité exaspérée
qui fouille tout, hommes et choses ; à défaut de la

grande histoire que nous ne savons plus faire, nous ramassons les miettes de la petite avec un tel zèle que notre considération en est venue à ouvrir ses grands yeux devant un collectionneur de timbres-poste.

A quelque meilleure raison, peut-être y aura-t-il donc un intérêt pour les chercheurs spéciaux du passé à leur laisser certaines indications même sommaires sur ceux de nos pratiquants primordiaux, ouvriers de la première heure, que nous avons connus ou seulement rencontrés. — A celui qui, par le bénéfice médiocrement enviable des ans écoulés, se trouve rester aujourd'hui le doyen de la photographie opérative, ce soin revenait et il s'en acquitte pendant qu'il en est tout juste temps encore.

*
* *

Donc le Daguerréotype cédait la place à la Photographie. Ce n'était pas sans avoir eu son moment de gloire entre les mains des ingénieurs Chevalier et Lerebours et encore de Richebourg l'opticien, lequel ne manquait jamais d'ajouter à sa signature les ∴ maçonniques : il paraît que c'était un titre en ces temps-là. D'autres praticiens n'avaient pas tiré moins bon parti de la plaque argentée : l'excellent Vaillat et l'ineffable Legros, l'homme chamarré, aux robes de chambre en brocart, galvanisaient les derniers beaux jours du Palais-Royal dont la province

ne pouvait se résoudre à se désenamourer et qui
achevait de s'éteindre avec eux. Cependant le Rhône
et la Saône s'extasiaient encore aux plaques du brave
Lyonnais Thierry et Randon le caricaturiste y avait
même en passant touché. — Mais c'en était fait du
daguerréotype devant la photographie et, comme
on disait alors, « Ceci tuait Cela ».

Dans le mouvement de cette première période photographique et à l'avant-garde du petit bataillon
sacré encore contemporain de Niepce et Daguerre,
j'entrevois par la brume de l'horizon Bayard, frère
du fécond collaborateur de Scribe et oncle de l'artiste regretté Emile Bayard. — A côté de ce père
noble de la photographie, — où il nous arrivait, dit
la légende, par la pomoculture, — m'apparaît, non
moins correct en tout point mais plus long, un autre
amateur et chercheur précieux, Paul Perier, neveu
de Casimir. Puis, petit et tout sec pour indiquer
qu'il est quelque peu cassant, Bertsh qui le premier
appliqua la photographie à la micrographie et à la
mégalographie, aussi précis et minutieux sous la
planète que sur l'insecte microscopique, dans sa
toute petite mansarde de la rue Saint-Georges : —
on faisait comme on pouvait ! Et si étroite que fût
cette guérite encombrée de cuvettes et flacons éta-
gés, encore y avait-il place contre les coudes de
Bertsh pour son inséparable et non moins ingénieux
collaborateur, Camille d'Arnaud, qui, invinciblement
attiré vers les nouveaux phénomènes, avait pour eux

délaissé la direction du journal d'Houssaye, *l'Artiste*, — le bon d'Arnaud qui voulut bien être et fut
mon maître.

. Nous en trouverons ainsi plus d'un autre en cette
élite, abandonnant tout pour marcher vers la nouvelle étoile : — Tripier, le fils des Codes, que nous
appelions » le Baron », l'alter ego de Leclanché, sur-
nommé « Farouchot », traducteur de Cellini ; —
Gustave Le Gray, désertant la peinture pour propa-
ger la méthode sur papier que Poitevin, notre bienfaiteur à tous, venait d'inventer ; — puis d'autres
zélateurs encore, Moitessier, Taupenot, Fortier (un
teinturier), — et les deux frères Olympe et Onésyme
Aguado, non moins passionnés et infatigables
qu'Edouard et Benjamin Delessert et mon très cher
condisciple Edm. Becquerel, qui n'était pas encore
assis à l'Institut dans le fauteuil paternel qu'il trans-
mettra à son fils ; — tous chercheurs obstinés,
déblayant notre route et nous dépistant chaque
jour des procédés nouveaux, des perfectionnements
que Bareswill et Davanne, modestement et précieusement enregistraient marquant les points de la
partie que jouaient les autres.

La poussée était universelle. Sans parler de l'é-
merveillement qui ne se rassasiait pas de produire
l'image sans avoir jamais passé devant l'école du
Dessin, l'apprentissage le plus sommaire se trouvait
toujours suffisant pour faire mal : les délicats n'a-
vaient qu'à chercher au delà. Comme dépense, l'en-

trée de jeu était insignifiante et la recette d'autant
plus grosse qu'elle restait facultative, uniquement
limitée par la discrétion du fabricant. Pas de frais
en dehors du laboratoire, Adam Salomon ne nous
ayant pas encore rapporté de Munich la coûteuse
retouche d'Hampsteingl, nécessaire autant que nui-
sible, détestable autant qu'indispensable.

Aussi tout un chaçun déclassé ou à classer s'installait photographe, — clerc d'étude qui avait un peu
négligé de rentrer à l'heure un jour de recette, ténor
de café-concert ayant perdu sa note, concierge
atteint de la nostalgie artistique, — ils s'intitulaient
tous : *artistique!* — peintres ratés, sculpteurs man-
qués affluèrent, et on y vit même reluire un cuisi-
nier : n'a-t-on pas dit que la cuisine est elle-même
une chimie?

Mais il ne s'agit pas seulement de tout ce petit
monde et c'est seulement du troupeau choisi —
egregium pecus — que nous avons affaire. Évoquons
ces quelques gloires d'un jour sur lesquelles chaque
heure qui passe achève d'épaissir la poussière
d'oubli...

*
* *

Gustave Le Gray était peintre, élève de cet atelier
alors célèbre où « le père Picot » poursuivait, le dernier, les traditions de l'École des David, Gérard et

Girodet. « Le père Picot » comptait pour l'une des constellations dans le ciel gris de M. Paul Delaroche et de l'autre « père », le père Ingres, — « ce Chinois, disait Préault, égaré dans les rues d'Athènes ». — C'était l'heure de ce qu'on appelait, grands dieux ! « *le Paysage Historique* », et pendant qu'on huait Géricault et qu'on se cabrait devant Delacroix, le père Picot tenait tout aussi convenablement qu'un autre sa place en cette pléiade fuligineuse où les étoiles s'appelaient Alaux, Steuben, Vernet et autres gloires du musée de Versailles. — Les impressionnistes nous ont balayé tout cela, et qui pourrait leur en vouloir, malgré quelques torts ? S'il reste un médaillé de cette Sainte-Hélène, encore récalcitrant à l'école du plein air, s'il en est un dernier que notre brave Manet, d'abord si conspué, effarouche encore, que celui-là se console à recontempler *le Serment des Horaces*, *l'Enlèvement des Sabines* et *Atala sur la tombe de Chactas*.

Mais l'Ecole s'opiniâtrait, tenant bon, et Le Gray s'y trouvait mal aise. L'aliment lui était insuffisant et l'estomac robuste de ce petit homme à l'esprit inquiet voulait autre chose que le sempiternel navet bouilli dans la guimauve. Tout jeune père de famille, se débattant sans relâche entre l'obsédant besoin de produire, les embarras de la vie matérielle et des chagrins intimes, cet agité s'énervait à se consumer stérilement sur place dans son atelier du chemin de ronde de la barrière Clichy.

Il avait toujours eu attraction vers la chimie et la peinture ne lui avait pas fait abandonner le laboratoire où, à côté de son atelier, il poursuivait le secret de la confection des couleurs définitives, immutables, fabrication trop abandonnée, selon lui, à la cupide indifférence des marchands. C'est sur cette étape du chemin de Damas qu'il fut subitement illuminé du premier rayon allumé par Poitevin. S'il s'en trouvait un parmi nous que la merveilleuse trouvaille de Niepce devait saisir, c'était lui. La photographie le sifflait. Le Gray accourut, et presque aussitôt il publiait, le premier, je crois, une *Méthode des procédés sur papier et sur verre*. — Le sort en était jeté : il ne restait plus du peintre que le goût exercé par l'étude, une accoutumance, une science de la forme, la pratique des effets et dispositions de la lumière, sans parler de notre vieille connaissance des agents et des réactions chimiques, le tout au profit du photographe.

Et il n'était que temps que l'Art vînt s'en mêler un peu, car la photographie naissante à peine menaçait déjà de tourner mal.

Paris et nos départements ne connaissaient alors qu'une maison : Mayer et Pierson ; de tous points on affluait là. Mais les deux hommes qui avaient créé cette maison, intelligents d'ailleurs, se trouvaient, d'origine et de par leurs métiers antérieurs, par trop étrangers à toute esthétique.

Leur fabrique de portraits installée en plein bou-

levard s'en tenait très profitablement à une seule
manière et même à un format à peu près unique,
singulièrement pratique pour les petits espaces de.
nos logements bourgeois. Sans s'occuper autrement
de la disposition des lignes selon le point de vue le
plus favorable au modèle, ni de l'expression de son
visage non plus que de la façon dont la lumière se
trouvait éclairer tout cela, on installait le client à
une place invariable et on obtenait de lui un unique
cliché, terne et gris, à la va-comme-je-te-pousse. L'é-
preuve à peine lavée passait aussitôt sur l'établi du
peintre assermenté de la boutique, lequel avait pris
ses notes, notes sommaires comme celles d'un passe-
port : teint ordinaire, yeux bleus ou bruns, cheveux
châtains ou noirs, — et la chose, — payée d'avance,
— vous était livrée tout encadrée et ficelée, sous enveloppe. A peine avait-on le droit d'ouvrir le paquet
avant d'avoir regagné la porte. Les réclamations
n'étaient pas admises, sauf, par faveur tout exceptionnelle, quand une cliente avait reçu comme son
portrait celui d'un client d'elle inconnu; mais il
n'eût pas fallu y revenir. Dans ce renouvellement
débordant des besognes quotidiennes, on n'avait
pas le temps de s'arrêter à ces vétilles.

Le peintre spécialiste qui gagnait très largement
sa vie à fabriquer ces enluminures était un tout petit brave homme, très doux sous son allure forfante
et même formidable. Il s'appelait Balue et n'était pas

sans quelque valeur. Pour se délasser de ses journées et se venger de ses aquarelles en grisailles
Mayer et Pierson, il se retrouvait chez lui coloriste
forcené et inondait le passage Jouffroy (qui venait
tout exprès de s'ouvrir) de petits pastels féroces, des
Diaz enragés avec des femmes en carmin pur dans
des paysages fantastiques aux terrains pistache, sous
des arbres bleus par des ciels nacarat.

Mais à tout cela, si la photographie proprement
dite n'avait rien à voir, elle courait risque d'avoir
tout à perdre. Les peintres qui l'avaient accueillie
avec défiance revenaient de leur appréhension première et ne se faisaient pas faute de la traiter avec
un suprême dédain.

Il fallait sans autre délai que la Photographie se
dégageât des Infidèles, des travestissements infligés,
et qu'elle se montrât telle qu'elle avait à se laisser
voir, sans voiles comme la vérité.

Juste à point Le Gray était apparu et simultanément
avec lui les frères Bisson, Adrien Tournachon et un
quatrième dont il nous faudra bien aussi un peu
parler, — puis bientôt le sculpteur Adam Salomon,
Numa Blanc, les peintres Alophe, Berne-Bellecourt,
L. de Lucy ; les caricaturistes Bertall, Carjat, etc., etc

*
* *

Facilement à cette prémière heure d'enthousiasme

Le Gray avait trouvé un riche commanditaire, le comte de Briges, qui pour l'installer loua au prix fort un cubage déterminé d'air ambiant au-dessus de notre zone parisienne.

Je ne plaisante pas. — Cette contenance intangible, du coup convertie en matière des plus palpables et bien sonnantes, s'était rencontrée en place de combles au-dessus d'une grande bâtisse en cage à poules, seule défaillante parmi toutes les maisons du riche Paris, somptueusement construites en pierres de taille.

*
* *

Mais cette maison, qui n'est pas une maison et rapporte autrement mieux qu'une maison, cette baraque fatidique mérite sa petite page d'histoire.

Elle était inexorablement vouée à la Photographie.

Tel, pour la tragédie, ce temple grec de l'Odéon, qu'il suffit de retourner comme une peau de lapin pour obtenir incontinent à l'intérieur le classique décor cher aux trois unités.

L'architecture en question, qui n'eut pas à épuiser l'imagination de l'architecte, se dresse en un périmètre fort intéressant à l'angle du boulevard des Capucines et de la rue Saint-Augustin, — juste à la

place qu'occupait en 1848 le Ministère des Affaires
Étrangères devant lequel partit, au soir du 23 fé-
vrier, le coup de feu qui suffit pour faire écrouler le
trône de Louis-Philippe, si solide, semblait-il. Tant
il est vrai que se fier à l'apparence ne vaut.

A cette époque, — et ceci paraîtra surprenant aujourd'hui, à moins de soixante ans de distance, —
le quartier de la Madeleine était assez peu fréquenté
et ses quelques boutiques y étaient aussi modestes
que rares les promeneurs. Le vaste terrain fut donc
acheté pour un morceau de pain, comme on dit, et
non moins économiquement l'acquéreur, une vieille
baronne fort entendue en affaires, s'en tint à y ali-
gner de la façon la plus sommaire une suite de boutiques, identiquement surmontée d'un simple étage
en compartiments cubiques.

Advint juste à point le mouvement indiqué de
Paris sur l'Ouest. En ces choses et en toutes, l'ascension comme la chute s'accélère à mesure de la
vitesse acquise. De bonne, la place devenait excellente. Il y avait là, sur une portée qui se chiffrait
par nombre de dizaines de mètres et au premier
au-dessus de l'entresol, une terrasse en plein nord
que la Photographie ne pouvait manquer de gui-
gner tout d'abord.

Presque simultanément deux grands ateliers,
dont celui de Le Gray, s'y élevèrent, laissant entre
eux deux la place à la photosculpture qui vint s'y

installer avec M. de Marnhyac, pendant qu'au rez-de-chaussée les frères Bisson, commandités par les Dolfus de Mulhouse, ouvraient une somptueuse boutique où s'étalaient devant le public émerveillé leurs belles épreuves de la bibliothèque du Louvre et des vues de la Suisse, en dimensions jusque-là inconnues. Marville seul (— encore un peintre ! —) put alors les égaler dans les collections si remarquables laissées par lui aux archives de la Ville.

C'était la première période du procédé humide : celui qui a passé par les amertumes du collodion reste encore ébahi devant l'impeccable exécution de ces immenses clichés. Les frères Bisson avaient su dénicher et former au laboratoire un simple garde municipal qui, à bras tendu, couvrait d'un jet, — sans un retour, sans une coulure, sans un bouillon, sans un grain de poussière, — une glace d'un mètre sur quatre-vingts, à bras tendu. Ce brave homme, qui eut son heure de célébrité relative, mérite peut-être d'avoir son nom gardé dans cette légende : il s'appelait Marmand.

La boutique des Bisson fit fureur. Ce n'était pas seulement le luxe extraordinaire et le bon goût de l'installation ni la nouveauté et la perfection des produits qui arrêtaient le passant : il trouvait intérêt non moins vif à contempler à travers le cristal des devantures les illustres visiteurs qui se succédaient sur le velours oreille d'ours du grand divan

circulaire, se passant de main en main les épreuves
du jour. C'était en vérité comme un rendez-vous de
l'élite du Paris intellectuel : Gautier, Cormenin
Louis, Saint-Victor, Janin, Gozlan, Méry, Preault,
Delacroix, Chasseriau, Nanteuil, Baudelaire, Pen-
guilly, les Leleux, — tous! J'y vis, par deux fois,
un autre amateur assez essentiel en son genre,
M. Rothschild, — le baron James, comme on l'appelait, — fort affable d'ailleurs et qui achevait déjà
de ne plus se faire jeune. — Et tout ce haut personnel d'état-major, au sortir de chez les Bisson,
complétait sa tournée en montant chez le portraitiste Le Gray.

*
* *

Mais n'est pas or tout ce qui reluit. Ce public si
brillant, de premier cartel, paye d'ordinaire en une
autre monnaie que la monnaie courante et, Rothschild à part, n'est pas précisément celui qui met le
charbon sous la marmite.

Or, pendant qu'en haut l'excellent Le Gray, géné-
reux comme tous les pauvres gens, épuisait ses produits et ses cartonnages à combler gratis d'épreuves
chacun de ses visiteurs, en bas, les braves Bisson
faisaient de même, — c'est si bon de donner! — si
bien qu'à la boutique comme sur le toit, les deux
commanditaires manifestaient une certaine agitation et quelque commencement de fatigue inquiète à

toujours verser sans jamais recevoir. Les dépenses
d'installation s'étaient déjà trouvées dépasser les
prévisions ordinaires, car l'immeuble où nous nous
rencontrons justifiait plus que n'importe quel autre
son nom d'immeuble. En effet, aux boutiques
comme à l'unique étage, rien que les plâtres des
quatre murs derrière les vitres au plus économiquement choisies. Libre était aux locataires de
revêtir ces murailles nues de riches papiers, voire
de tentures, de remplacer le verre par Saint-Gobain,
de s'offrir des cheminées s'ils étaient frileux et
même, dit-on, de se creuser des caves s'ils avaient
besoin de sous-sol. Une gestion plus que stricte,
véritable École des Propriétaires, s'en tenait à leur
louer la place : rien de plus. C'était un « principe »,
— et tout esprit ferme en ses desseins sait ce que
c'est qu'un principe. — Au surplus, nul n'eût eu
droit à se plaindre : on n'avait en vérité forcé personne. Chaque preneur avait été à même d'apprécier
si la main dans laquelle il allait mettre la sienne
était par trop crochue, — chacun avait eu le droit
d'opter, parfaitement libre, après avoir flairé la
chose, d'entrer ou de fuir.

Le Gray, lui, avait été moins favorisé encore que
nos Bisson. Il n'avait même pas eu à essuyer les
plâtres, puisque pour lui il n'y en avait pas ; il avait
dû les fournir. On ne lui louait sur ce toit vierge
que la place pour les mettre, — un carré d'atmos-

phère, de ciel ouvert, dont il avait à se faire sa maison, — en bons et valables matériaux, s'il vous
plaît, bien et dûment soupesés par l'architecte de la
propriété, un rude œil !

De tels impedimenta du début, même de ces formi-
dables frais d'installation — qui vous suivront et
poursuivront jusqu'au bout, implacables comme tout
péché originel, — peut-être eût-il encore été possible de se tirer, mais à la condition première d'avoir
à haut degré ce je ne sais quoi, ce don terre à terre
et divin qu'on appelle l'esprit commercial. Or c'est
précisément cet esprit-là qui faisait défaut à ce bon
Le Gray et aux non moins excellents Bisson, —
comme encore à quelques autres que je sais... Et
ici à tel point ce manque, que pendant que Le
Gray s'épuisait à tasser gratuitement ses épreuves
sur la saignée de ses visiteurs — (tel plus tard
le munificent Le Pic chargeait de ses toiles les
biceps de tout sortant), — les deux Bisson, tout
à fait grisés de la subite ivresse d'une situation
nouvelle, avaient immédiatement imaginé de se
faire construire à Saint-Germain, sur le bord de la
Seine, deux charmants cottages jumeaux, d'où ils
arrivaient le matin pour y retourner le soir, en
calèche à deux chevaux. — Je les vis ainsi un matin,
par le bois de Boulogne : Bisson l'aîné garnissait
très convenablement le fiacre avec ces dames ; Bisson
le jeune, sur un alezan, couvrait la portière.

C'était beau, j'admirai ; mais j'eus peur. — La Photographie à cheval ! Il faut joliment bien savoir se tenir.....

*
* *

Et ce pendant, de tous les points, chaque jour surgissaient d'autres photographes pleins d'ardeur et non moins aptes à prouver par l'œuvre qu'ils savaient, eux aussi, voir la nature et la rendre.

Puis, coup décisif, l'apparition de Disderi et de la carte de visite qui donnait pour quelque vingt francs douze portraits quand on avait payé jusque-là cinquante ou cent francs pour un seul.

Ce fut la déroute. Il fallait se soumettre, c'est-à-dire suivre le mouvement, ou se démettre. La préoccupation d'art surtout avait poussé Le Gray vers la photographie ; il ne put se résigner à changer son atelier en usine : il renonça.

Son établissement fort bien aménagé ne courait risque de rester un instant vide en cette maison vouée. Le nom de Le Gray y fut immédiatement remplacé par celui d'un autre artiste, Alophe (Menut), connu pour d'innombrables titres de romances en lithographie.

Il serait injuste ici d'oublier dans ce memento de l'œuvre lithographique d'Alophe une lithographie qui eut un succès populaire égal à celui du célèbre *Convoi du pauvre,* de Vigneron : — par un ciel gris,

un chien suivant tout seul un corbillard de dernière
classe. — D'après la même « inspiration », Alophe
avait dessiné, dans une misérable mansarde, —
ébauches et palette au mur, pinceaux épars, — un
chien léchant la main de son jeune maître mourant
ou mort sur le grabat, — amaigri comme il est indiqué en cas pareil, mais peigné et lissé avec l'impeccable correction d'Alophe lui-même. — Titre : *Le
dernier ami.*

Et pendant que, finalement désarçonnés de leur
côté, les Bisson abandonnaient les hauteurs qu'ils
ne devaient plus jamais retrouver, Le Gray s'embar-
quait pour l'Égypte, encore plus las de son dernier
effort stérile, abreuvé de chagrins de toute nature,
prêt à désespérer.....

Il luttait pourtant encore. Sans dire l'adieu définitif à la photographie, il se remit à la peinture et
fut nommé par le gouvernement Egyptien professeur de Dessin à l'école du Caire. Le très curieux
journal *l'Intermédiaire* où tout se retrouve nous ra-
contait précisément hier que Le Gray avait été choisi
pour donner des leçons aux princes Tewfik (plus tard
Khedive), Hussein, Ibrahim, etc., que nous vîmes
longtemps à Paris.

Mais la malechance semblait s'acharner sur Le
Gray. Il eut une jambe brisée par un accident de
cheval et finalement il mourut vers 1882 dans une
détresse assurément imméritée.

C'était un chercheur laborieux et remarquablement intelligent, une âme généreuse, avant tout un
honnête homme. Ceux-là n'ont pas tous des maisons
à eux et ne savent pas s'enrichir de l'exploitation
d'autrui ni seulement se pêcher des rentes dans un
contrat de mariage.

*
* *

Je viens de nommer Disderi. Mais en traçant ce
nom qui pourtant a fait pendant un quart de siècle
plus de tintamarre que celui d'un général d'armées
et surtout d'un bienfaiteur de peuples, je me sens
arrêté par un doute : je me demande si ces notes
rétrospectives sur des individualités disparues, spéciales ici mais parfois bien secondaires, peuvent
avoir quelque intérêt pour d'autres que pour nos
professionnels — et encore ?

Par contre, je pense à tant d'autres personnages,
grands ou gros, marchands de paroles, vendeurs de
vent, débitants d'orviétans et de viandes creuses,
maquignons politiques et autres traitants, dont on
nous rebat les oreilles à la journée, partant fort
illustres, mais dont toute la besogne en toute leur
vie n'aura pas équivalu celle d'un raboteur de
planches ou d'un servant de laboratoire, — et je
passe outre : mon lecteur pourra à son gré en faire
autant.

*
* *

Disderi a laissé, même en dehors du monde photographique, le souvenir de la fortune la plus considérable qui ait été faite à une époque qu'on pourrait appeler l'âge d'or de la photographie. Il réalisait
en une seule de ses années ce qui suffirait même à
l'heure présente à assurer l'avenir d'une famille,
et cette prospérité semblait ne pouvoir jamais s'é-
puiser ni se ralentir.

Finalement, cet homme qui avait gagné nombre
de millions, s'éteignit il y a quelques années dans
une détresse profonde du côté de Nice où, malade, impotent, il était finalement venu s'échouer,
ne vivant plus que grâce aux secours de quelques
confrères avertis *. — Devenu presque complète-
ment aveugle et sourd, il est mort sur le seuil de
l'asile où l'Assistance publique allait le recueillir...

*
* *

Un certain génie intuitif avait poussé ce Disderi
l'un des premiers vers la porte que la photographie
venait d'ouvrir si large à tous les non classés.

D'origine évidemment plus que modeste, privé de

* Nous citerons ici en première ligne la charité de M. Numa
Blanc fils, de Cannes.

18.

l'instruction élémentaire et même de la première
éducation, ignorant jusqu'aux formes banales dont
la convention indique et impose l'usage, d'autant
plus important et tranchant dans son allure, personnellement en somme très peu attractif, répulsif même,
— mais d'une intelligence pratique réelle, servi par
des dons naturels spéciaux, actif et rapide comme
personne, imperturbable en une foi qui ne doutait
de rien ni surtout de lui, il eût tout aussi bien, avec
le même aplomb, la même certitude, la même ver-
bosité spécifique et très probablement le même succès, fabriqué et surtout débité tout autre genre
d' « *article* » et joué de tous autres publics.

Un des hasards de la vie parisienne l'avait fait se
rencontrer avec le dessinateur Chandelier, l'inséparable familier de Gavarni. Chandelier se trouva juste
à ce moment hériter d'un sien oncle, vieux curé de
campagne, mais ami de l'épargne, qui lui lui laissait un denier de huit cent mille francs. Bien que
justement renommé pour sa défiance, Chandelier se
laissa prendre à l'irrésistible boniment. On s'associa
et Disderi incontinent se mit à l'œuvre. Mais cette
première tentative n'aboutit qu'à une méchante
fin ; le juge dut même s'en mêler... Passons.

Mais Disderi n'était pas de ceux qu'une disgrâce
peut abattre. Nous avons ignoré ou oublié s'il n'a-
vait pas encore ailleurs et avec quelque autre tenté
la chance jusqu'au jour de son installation au boulevard des Italiens où sa fortune l'attendait.

Le succès alors réellement extraordinaire de Disderi fut légitimement dû à son ingénieuse idée de la carte de visite. Son flair d'industriel avait senti juste et au moment précis. Disderi venait de créer une véritable mode qui allait engouer d'un coup le monde entier. Plus encore, en renversant la proportion économique jusque-là établie, c'est-à-dire en donnant infiniment plus pour infiniment moins, il popularisait définitivement la photographie. — Enfin il faut reconnaître que nombre de ces petites images improvisées avec une rapidité prestigieuse devant le défilé sans fin de la clientèle ne manquaient ni d'un certain goût ni de charme.

Une circonstance singulièrement inattendue, exceptionnelle (— Disderi dut prononcer : « *exclusive ! ! !...* —), vint un jour donner la suprême poussée à cette vogue déjà inouïe: — Napoléon III, passant en toute pompe le long des boulevards à la tête du corps d'armée qui partait pour l'Italie, s'arrêta court devant l'établissement de Disderi pour s'y faire photographier (— ce seul trait n'était-il pas déjà plus ressemblant au modèle que sa photographie elle-même ?) — et derrière lui l'armée entière, les rangs massés sur place, l'arme au bras, attendit que le photographe eût fait le cliché de l'empereur... — Sur ce coup, l'enthousiasme pour Disderi devint du délire. L'univers entier connut son nom et le chemin de sa maison.

Il serait difficile d'évaluer la somme des millions
qui passèrent par sa caisse dans ces années de sura-
bondance, et ce fut assurément Disderi qui l'ignora
le plus. On ne parla plus alors que du luxe, des maisons de campagne, des écuries de Disderi (— ah ! la
pauvre petite cavalerie de mes pauvres Bisson !...).
Les passants, stupéfiés, s'arrêtaient aux sonneries de
ses attelages à la russe qu'il conduisait lui-même,
car il avait naturellement le goût du fracas, des ap-
parats excessifs, — et il ne dut pas alors un instant
douter que ce triomphe d'éclosion spontanée, sans
précédents comme sans limites, ne dût éternelle-
ment durer.

*
* *

Mais ce n'est pas ainsi, enseignaient nos pères,
que se font les bonnes maisons. Il n'est trésor qui
ne s'épuise et profusion arrive toujours à faire le
vide. Si prompte et d'une telle altitude avait été la
période ascendante de Disderi que l'éblouissement
du vertige l'avait saisi. Encore par ces fascinations,
Disderi avait-il depuis longtemps dédaigné de suivre
les progrès de cette photographie à laquelle il avait
tant dû, quand chaque jour nous apportait d'elle
quelque chose à apprendre.

Dès lors l'homme était perdu, comme sa maison.
La chute fut aussi rapide qu'avait été la montée.
Déjà sa clientèle s'était portée disséminée vers

d'autres établissements créés ou nouveaux, plus soucieux de la dignité de leur travail, mieux ordonnés. — Disderi dut abandonner sa maison de Paris et vendre jusqu'à son nom.

Courageusement, mais vainement, il tenta de se remettre au travail un peu partout et c'est ainsi que nombre de ses anciens clients revirent avec étonnement sur des boutiques ou même sur des échoppes à Cauterets, Biarritz, Monaco, etc., ce nom si brillant hier. — Mais partout il échoua : le talisman était brisé. La fortune est femme et ne pardonne pas à qui manqua l'occasion.

*
* *

On peut dire, en la langue moderne, qu'une chose est « lancée » quand la caricature s'en avise et y touche. Parmi tous ses autres rôles, — très essentiels, — la caricature tient aujourd'hui celui du personnage antique qui persiflait et huait derrière le char de triomphe. Elle est la suprême consécration de toute gloire.

L'heure avait sonné où la Photographie ne pouvait plus lui échapper. Pas un coin de journal à images où l'impertinent crayon ne s'occupât des nôtres. Inutile de dire que tous ces jeux ne pouvaient être et n'étaient que bienveillants. Rien *contre*, tout *sur*.

C'est ainsi que dans le foisonnement sans paix ni trève de son œuvre quotidienne, le plus grand de

nos athlètes, génie démesuré, éclatant comme le
Benvenuto jusque dans la menuaille la plus frivole,
Daumier sculptait couramment sur les pierres lithographiques du *Charivari* les scènes variées de nos
ateliers.

*
* *

Rien ne manquait plus à l'apothéose de la Photographie, — rien qu'une première Exposition générale pour laquelle elle était, à peine d'hier née,
toute mûre.

Cette première Exposition de Photographie eut
lieu en 1855 au Palais de l'Industrie. Son succès fut
grand.

Assurément le luxe des installations, auquel l'habitude nous a rendus aujourd'hui indifférents, n'était
pour rien dans ce succès justifié mieux encore que
par la nouveauté de la surprenante invention. Le
public se pressait avec une curiosité comme hâle-
tante devant les innombrables portraits de personnages connus qu'il ne connaissait pas encore, de
beautés de théâtre qu'il n'avait pu contempler que
de loin et qui se révélaient à lui dans ces images où
la pensée elle-même semblait vivre.

Pendant que les initiés, les spécialistes exami-
naient les épreuves indélébiles de Poitevin, de Moitessier, de Topenaud, de Charles Nègre, de Bau-
drand et la Blanchère, les transports lithographiques
de Lemercier, — entrevoyant par la percée de ces pre-

mières avenues l'immensité sans limites du domaine
assuré désormais à la Photographie, la multitude des
autres curieux se tassait comme abeilles au trou de
ruche sur l'entrée d'un mystérieux petit cabinet noir
où on ne pouvait pénétrer qu'un à un et où, fuyant la
lumière diurne pour un demi-jour factice, comme hié-
ratique, le fameux perroquet de notre cher Becquerel
prophétisait déjà que la photographie aborderait vic-
torieusement un jour la reproduction des couleurs.
On se foulait devant les montres des exposants et
en réalité on n'avait encore rien vu d'égal, — je
n'hésiterai même pas à affirmer qu'on n'a depuis rien
vu de supérieur aux grandes têtes d'expression du
mime Debureau fils par Adrien Tournachon (encore
un échappé de la peinture), — à un merveilleux portrait direct 30 $\times$ 40 de Frédérick Lemaître, par Carjat, ample comme un Van Dyck, fouillé comme un
Holbein, — à nombre d'autres encore parmi lesquels
on ne saurait omettre les impeccables positifs sur
verre de Warnod. — Mais quoi : Warnod était un
esthète éminent, écrivain de réelle valeur ; Carjat,
de dessinateur industriel, s'était fait dessinateur
portraitiste : l'œil qui a passé par ces éducations-là
sait voir. On n'a pas oublié les qualités d'observation et de facture des nombreuses caricatures ma-
gistralement crayonnées par ce bon Carjat, — orateur en plus et même poète à ses heures par-dessus
marché.

*
* *

Il est important de remarquer ici que la perfection de ces épreuves exposées était et qu'elle est restée d'autant plus intéressante qu'elle ne devait rien à la retouche des clichés. Les épreuves mêmes n'étaient pas reprises par le pinceau ni le crayon, — tout au plus rebouchées à un ou deux points où l'échappée d'un grain de poussière avait pu piquer la nappe de nitrate.

Pourtant, la retouche des clichés, tout ensemble excellente et détestable, comme la Langue dans la fable d'Esope, mais assurément indispensable en cas nombreux, venait d'être imaginée par un Allemand de Munich, nommé Hampsteingl, qui avait suspendu en transparence au bout d'une des galeries de l'Exposition un cliché retouché avec épreuves avant et après la retouche.

Ce cliché ouvrait une ère nouvelle à la photographie et on peut croire que les curieux n'y faisaient pas défaut. L'approbation était générale, surtout des plus intéressés, les « professionnels ». On avait tout de suite envisagé de quelle assistance allait être pour nous la bienheureuse trouvaille de cet Hampsteingl, ressource que tous appelaient sans la connaître comme tous l'avaient soupçonnée sans la deviner.

*
* *

A deux pas de là, au surplus, la démonstration complète en était faite par la montre du sculpteur Adam Salomon, bondée des portraits des diverses notabilités de la politique, de la finance, du monde élégant, et dont tous les clichés, sans parler des épreuves, avaient été retouchés selon le mode nouveau que, mieux avisé et plus diligent que nous en son sang israélite, Adam Salomon avait pris la peine d'aller apprendre chez le Bavarois.

La retouche de ces clichés, contenue par une sage réserve, faisait là merveille et si on se foulait devant les autres expositions, on s'écrasait, on s'étouffait devant celle-ci.

Non moins pratiquement Adam Salomon avait adopté un format unique, de petites dimensions, dont jamais à quelques conditions que ce fût il ne consentit à se départir. Dans cette donnée restreinte, en même temps que sa prudence évitait de se heurter aux déformations, dédaignant la creuse gloire d'en triompher, l'exiguïté des têtes lui laissait le champ libre pour le développement des corps où la critique a le moins à voir et l'arrangement des costumes et draperies, cher à tout sculpteur. Enfin l'unité suivie du format devait finalement donner à l'ensemble de la production très considérable du photographe Salomon le caractère, la respectabilité d'une Œuvre.

Dans le concours de telles conditions et avec la puissante bienveilllance initiale des frères Émile et Isaac Pereire, il n'est pas à s'étonner si, du premier jour au dernier pendant nombre d'années, Adam Salomon garda la vogue ainsi conquise.

Fantastique et fantasque comme le maître Coppelius d'Hoffmann sous les alluvions de ses paletots et cache-nez superposés, exagéré encore par les racontages de la Légende qu'il était fait entre tous pour avitailler, ce petit homme tout desséché, inquiétant d'aspect, même un peu sinistre avec ses petits yeux perdus au profond de ses zygomtas exostosés, éraillé du larynx en fausset comme coq élagué, et remarquablement insupportable par son flux diarrhéique de calembours, passait en plus pour rudoyer assez brutalement parfois sa haute clientèle féminine — qui ne s'en décourageait pas.

C'est qu'à côté de lui se trouvait ce qui tout répare et efface, — l'aménité, l'accortise, l'exquise distinction d'une âme et d'un esprit supérieurs *. — Et

---

* Madame Adam Salomon a laissé un tout petit livre de quelques pages in-32, format bien modeste pour un réel chef-d'œuvre. Cette plaquette, trop introuvable aujourd'hui, a pour titre : *De l'Éducation*. La modestie de l'auteur y feint d'avoir traduit les conseils d'une Princesse Chinoise à sa fille.

Lamartine écrivit en deux alinéas, selon les proportions du mignon opuscule, une préface qui se termine par cette phrase

ce n'est pas seulement dans la famille Juive que l'homme a à s'incliner devant la suprême, bienfaisante et incontestable supériorité de la femme...

*
* *

Rappelons encore ici l'œuvre photographique, passagère mais très intéressante, de deux autres artistes, peintres de mérite, Lazerge et Dallemagne.

Gil Blas observe quelque part : « — Tout petit homme est décisif; » — oui, certes, et il faut prononcer « décoratif » quand le petit homme est dans les Arts.

Nous voyons en effet presque à coup sûr que, sculpteur ou peintre, plus l'artiste est exigu de taille plus il tâche de se hausser à faire grand. De nos jours, l'homuncule Meissonier, obstiné dans la peinture pédiculaire dont il ne put jamais se départir, serait, je crois, à peu près unique, l'exception qu'on invoque d'ordinaire pour confirmer la règle. Mais si celui-là peignait en petit, au moins pendant le siège se rattrapait-il avec les bottes immenses où il disparaissait englouti, au sommet d'un cheval de la cavalerie la plus grosse. Bras court semble être

surprenante : « ... enfin on peut dire de ce petit livre que c'est — *l'Imitation des Mères de Famille* » (?...).

— et ce Karr qui ne put jamais comprendre mes méfiances de son Lamartine !

né pour grand geste. L'univers entier, dont l'Epis-
copat fait partie, n'ignore que tel vaillant photographe à tous crins est grand surtout par ses
œuvres : or il ne sortira jamais de son atelier un
portrait où le quincaillier du coin n'ait l'allure ma-
jestueuse d'un maréchal de Saxe ou le geste altier
du Grand Condé jetant son bâton dans les rangs
ennemis.

Lazerge, pris d'un feu subit pour la photographie,
n'avait pas eu grand'peine à faire partager son
enthousiasme à son confrère et ami Dallemagne. Un
atelier spécial, fut immédiatement installé dans le
coquet petit hôtel Dallemagne, derrière les Inva-
lides.

Mais « décoratif » né de par sa limite de stature,
Lazerge n'eût eu garde de se tenir pour satisfait de
la reproduction pure et simple de ses contempo-
rains, ainsi que banalement elle s'exécutait ailleurs.
Il avait été fouiller les grandes époques où, comme
me disait Veuillot : « ... *on nous donnait* une architecture par règne !... » — et il avait. choisi divers
modèles de cadres de très haut goût, Louis XIV,
Louis XV, Louis XVI, — du Louis XIV surtout :
avec Louis XIV, Lazerge devait naturellement mieux
s'entendre.

Les copies de ces cadres exécutées en grand, chaque
modèle qui se présentait était bon gré mal gré fourré
derrière une des ouvertures, campé en une pose de
majesté congruente, et par les rinceaux, bossuages

et vermiculures, il se retrouvait héroïquement lauré ou plus modestement sous la couronne de chêne.

Parfois, pour parfaire, Lazerge, haussé sur ses pointes, lançait sur un angle du cadre un ample rideau de velours qui semblait voler au vent, comme dans les grandes toiles de Mignard ou de Van Loo.

La sincérité, simpliste en apparence, de notre goût actuel pourrait sembler souffrir de cette excessité d'apparat; il faut pourtant reconnaître le sentiment artistique réel et la belle allure de ces arrangements. Nous avons éprouvé il y a quelques mois une véritable jouissance devant la curieuse collection de Lazerge et Dallemagne où nous retrouvions avec émotion, dans une pompe qui n'était point pour nous déplaire, bien des visages aimés parmi ces célébrités de la précédente génération...

*
* *

Si quelque chose put manquer à la première rencontre de Van Monckhoven avec Léon Vidal, notre autre maître, ce ne fut pas en tout cas l'élément comique.

Van Monckhoven, toujours à l'affût de ce qui touchait à sa chère photographie, ne tenait plus en place depuis qu'il connaissait les premiers travaux de Vidal. Il n'avait plus qu'une idée, une idée fixe : — voir, connaître Vidal !

19.

Bien des kilomètres le séparaient de ce Vidal aspiré. Mais la décision était une des vertus cardinales de Monckhoven. Il écrit à Vidal qu'il n'y peut plus tenir, qu'il va avaler les kilomètres. — Parti de Gand la veille au soir, il tombe le lendemain en gare de Marseille, où Vidal doit l'attendre.

J'ai dit dans une autre rencontre l'extrême jeunesse, l'aspect presque enfantin de ce Monckhoven déjà célèbre dans le monde photographique et même scientifique. Quant à Vidal, autre primeur, et je ne sais vraiment si nos deux antédiluviens auraient pu faire alors beaucoup plus de cinquante ans à eux deux.

Par le tohubohu de la gare à l'arrivée du train, Vidal guettait le fameux doyen qu'il s'attendait à recevoir en toute révérence, pendant que Monck guignait dans tous les coins l'autre vétéran, ce Vidal auquel sa notoriété acquise adjugeait de droit poil gris sinon blanc.

Ne se retrouvant de part ni d'autre, ils se décidaient, de guerre lasse, chacun de son côté, à abandonner la place avec toute la mauvaise humeur des désappointés, lorsque Vidal aperçoit le nom de Van Monckhoven sur une valise portée par le dernier voyageur sortant, un tout blond adolescent :

— La valise de M. Van Monckhoven ?... demande Vidal indécis et sur la réserve.

Sur un signe affirmatif, il se nomme. — Alors Monck, non moins froid :

— Monsieur votre père n'a pas pu venir?

— Mais mon père n'a jamais dû venir. C'est moi Léon Vidal !

Sur ce, les deux augures de s'entre-considérer un instant d'un œil rond, — puis de partir d'un éclat de rire :

— Du diable si je sais pourquoi, dit Monck, mais figurez-vous que je m'étais fourré dans l'esprit, — j'étais convaincu, j'aurais parié que vous étiez un vieux monsieur, un ancien négociant retiré des affaires et s'adonnant à la photographie pour occuper ses loisirs! — Mais allons vite voir ce que vous faites — et déjeuner!

Et jusqu'à la mort si regrettée de notre cher Monckhoven, l'amitié la plus étroite régna entre ces deux hommes d'élite, amitié inébranlable en effet celle qui est basée sur l'estime, le respect réciproques. C'est à Vidal que Monckhoven a réservé l'honneur de la dédicace de la septième (— et dernière! —) édition de son grand *Traité général de la Photographie*, comme s'il eût voulu désigner par cette glorieuse préférence le plus digne, non de le remplacer, mais de lui succéder.

⁎
⁎

Léon Vidal semble en effet désigné premier pour recueillir aussi noble succession et représenter, après Celui qui n'est plus, la science et les intérêts photographiques.

Si, dans notre ordre de dates, assez peu rigoureux d'ailleurs, Léon Vidal ne peut précisément compter parmi les « Primitifs de la Photographie », il sera au moins salué au premier rang de nos devanciers. Dès 1851 en effet, et loin du centre parisien, il s'occupait des procédés aux poudres inertes quand la grande découverte de Poitevin venait à peine d'être signalée. Voué dès lors à l'étude photographique de toute la ferveur du néophyte consacré, il fondait bientôt la Société de Marseille, inventait le « *Photomètre* » pour négatifs, publiait premier le « *Calcul des temps de pose* », et successivement sans arrêt toute une série de livres et brochures dont l'ensemble constituerait la bibliothèque essentielle d'un praticien : — *la Photographie au Charbon, la Phototypie, la Photographie appliquée aux Arts Industriels, le Cours de Reproductions industrielles, la Photoglyptie, le Manuel du Touriste, la Photographie des Débutants, l'Orthochromatisme, la Photographie à l'Exposition de 1889*, etc. — En même temps il donnait à Marseille, puis à la Sorbonne et partout à Paris, des cours et conférences très suivis, prenait la direction

technique du *Moniteur de la Photographie*, fabriquait
après son *Autopolygraphe*, *l'En-Cas Vidal*, premier
appareil à main imaginé à l'apparition du gélatino-
bromure, et fondait l'*Union Photographique* sur le
modèle des associations créées par notre tant bienfaisant, admirable Taylor.

A côté de cet ensemble, témoignage d'une labo-
riosité incessante guidée par une intelligence remarquablement perspicace et par le plus pur amour
de la science, qui de nous a pu oublier les merveilleux résultats obtenus par Léon Vidal avec sa « *Pho-
tochromie* », procédé qui recouvrait d'une épreuve
photoglyptique des dessous coloriés? Jamais idée
plus ingénieusement simple ne détermina effet plus
saisissant. L'émerveillement fut universel devant ces
reproductions de céramiques, d'étoffes, de peintures,
de joaillerie, copiées, quand besoin était, avec le re-
lief stéréoscopique en des trompe-l'œil prestigieux,
« --- ... rendant, disait Paul de Saint-Victor, comme
nul pinceau né saurait le faire, la lueur mate de la
perle, le sombre azur du saphir, le rouge intense du
rubis, les teintes troubles de l'opale : s'assimilant
comme à la cuisson du soleil, les blancs laiteux, les
bleus célestes, les flambés rutillants, les peintures
éclatantes ou diaphanes de la porcelaine ; le brillant
émail, les décors tranchés, les luisants métalliques,
les nuances infinies des faïences, etc... »

Il y a déjà de longues années qu'avec un désintéressement parfait, égal à son succès populaire,

M. Léon Vidal poursuit son cours public de photographie aux Arts Décoratifs. En outre de sa haute et incontestée valeur scientifique, il y a chez lui, chose rare, un caractère.

M. Léon Vidal n'est pas décoré...

*
* *

Cette liste limitée des « Primitifs de la Photographie » — aujourd'hui presque un nécrologe — arrive tout à l'heure à sa fin.

Quand j'aurai rappelé Braun de Dornach, avec ses admirables vues du ballon d'Alsace et de la Suisse, et le Russe Lewitzki, opérateur de premier ordre, homme distingué à tous les points de vue, qui n'apparut à Paris que pour y fonder la maison Lejeune (depuis Joliot), quand j'aurai cité nos premiers photographes émailleurs, Louis de Lucy, élève de l'atelier Paul Delaroche, auteur d'une méthode que l'on consulte encore, Lafon de Camarsac et les Mathieu-Deroche, le dernier toujours debout et vaillant à l'œuvre, je ne verrai plus guère à mentionner que nos vétérans de l'étranger : le Français Claudet, daguerréotypeur en Angleterre, le maître des maîtres Luckhard, de Vienne, Alessandri à Saint-Pétersbourg, Daziaro et Abdullah à Constantinople, Séverin à La Haye, les frères Sarony sur Brighton et New-York, Ghemar de Bruxelles et notre compatriote Silvy à Londres.

Il n'est pas un photographe de certaine maturité qui n'ait eu en mains quelques épreuves de Luckhard, d'Alessandri, de Daziaro, — des classiques, — et n'en ait admiré l'accomplissement parfait, dû à la conscience de l'exécution — non moins que l'originalité des poses et l'audace des effets chez les Sarony, peintres et dessinateurs hors de pair.

*
* *

Comme ces Sarony et tant d'autres parmi nous, Ghemar était peintre, spécialement portraitiste. Crayon précis et rapide comme la plume du calligraphe, coloriste salué même en ce noble pays de l'art Flamand, en outre voyageur passionné et polyglotte, il tenait pour tributaire de sa palette le *high life* universel.

Il ne put résister à l'attraction : le peintre un beau matin renonça à sa clientèle de souveraines et souverains pour s'intituler modestement photographe et fonder à Bruxelles, sous les précieux conseils de notre cher Monckhoven et avec son jeune frère, doué de toutes les qualités administratives complémentaires, un établissement contre lequel nul autre n'eût songé à lutter.

Sa bienveillante facilité, sa générosité, sa belle

humeur irradiante et quelque peu tapageuse en ces
placides contrées lui avaient de longtemps valu
toutes les sympathies. Par sa fécondité particulière
et comme quotidienne d'imaginations, d'improvisa-
tions burlesques et cocasses le plus souvent, pitto-
resques et décoratives toujours, dont il n'eût manqué
de faire profiter les foules, il en vint à se créer une
véritable popularité qui lui resta jusqu'à la fin fidèle.
Dans ses gaîtés à froid, parfois énormes, ce Braban-
çon exemplairement sobre et qui semblait pourtant
enluminé de tous les jus de la Bourgogne, joignait à
l'entrain gouailleur du gamin de la Villette le pé-
tillement, la fougue d'un fils de la Cannebière. Il
n'était pas en cette patrie des kermesses un bourg-
mestre un peu soucieux de sa cavalcade qui ne vînt
solliciter de Ghemar une consultation dont il retour-
nait bien vite, triomphant, à ses administrés. —
Aux aimables pays dont les fabricants de féeries
règlent les Constitutions, le bon Ghemar était de
droit nommé et acclamé Directeur de la Joie Publique.

Sa dernière fantaisie acheva le couronnement de
sa gloire.

Ghemar avait annoncé à grand fracas qu'il se
chargeait de peindre à lui seul une exposition universelle tout entière, et entendons-nous bien : —
une Exposition des œuvres principales de l'Art

contemporain, où les maîtres de toutes les Ecoles modernes seraient représentés dans leurs principales œuvres, non pas en formats mesquinement réduits, mais dans les proportions mêmes des originaux.

Malgré la précision des termes, on s'attendait à quelque formidable attrape-nigauds dans le goût des « *humbugs* » familiers à maître Ghemar.

Mais on vit bientôt en plein Bruxelles toute une fourmilière d'architectes, charpentiers, maçons, s'abattre sur le vaste périmètre élu par Ghemar pour le palais improvisé de son salon en charges. — Au jour et à l'heure dits, les portes s'ouvrirent à la foule assiégeante...

Il y avait trois grandes salles : — 1° Salon carré, — 2° *Salle O*, — et 3° la *Salle T*, — cette dernière salle indiquée suspecte aux seins des familles, quelque chose comme « l'Enfer » d'une bibliothèque. Une note du Livret, signée de l'*Editeur*, avisait gravement : « — Si la mère veut conduire sa fille dans *la Salle T*, c'est son affaire. — » Je cite ; mais il faut passer sur ces facéties et autres innombrables coq-à-l'âne sentant leur terroir pour arriver au très sérieux côté de cette farce géante.

Pour la première fois le pinceau étant substitué au crayon dans la satire animée des tableaux, Ghemar avait tenu, et de tous nos peintres contempo-

rains que je sache, seul il pouvait tenir l'audacieuse
promesse : — les œuvres de nos maîtres nous
étaient bien là rendues dans leurs défauts et, chose
autrement invraisemblable, dans leurs qualités,
avec une perfection telle que l'illusion se produisait
et qu'à certaine distance on se croyait en réalité devant l'œuvre originale *.

C'était bien en effet — et dans leur rendu le
meilleur — le kaléidoscope diapré d'Isabey, les
pétards de Diaz, les furieux empâtements de De-
camps, les attractifs frottis de Corot, le soleil de
Marilhat qui cuit les pierres, la lune de Daubigny
qui se défend de les manger, la morne et saisissante
rudesse du plaidoyer prolétaire de Millet, les précio-
sités exquises de Fromentin, la noblesse et la stricticité préraphaéliques de Puvis, la précision cruelle et
charmante des Millais et des Mulready, les profonds
brouillards, brumes et pluies piqués par les becs de
gaz de de Nittis, la palette flave de Clays, et la
bonhomie d'Yongkind, et les chloroses d'Hamon, et

* Parmi quelques toiles très curieuses provenant de la
vente de cette Exposition, je possède un faux Meissonier
qui ne manque jamais d'hypnotiser tout visiteur. Amateurs
très éminents, experts expertissimes (je ne veux nommer
personne), il n'en est pas un — je dis : *pas un* ; l'effet est
sûr ! — qui, à nez portant, ne soit resté dessus braqué en
arrêt admiratif...

C'est tout simplement une petite photographie d'un bonhomme en costume Louis XIII, frottaillée de quelques jus
roux à la Meissonier, — histoire de faire mesurer aux innocents et aux autres signataires le génie du peintre capillaire.

l'élégante modernité des Stevens et des Wilhems. —
Couture, l'homme du « procédé », y donne à Offenbach le bâton de la présidence dans la grande cène
de notre Décadence Française, Troyon beugle,
Palizzi bêle, Jacque glousse et grogne à côté de la
poêle dans laquelle Rousseau fait *revenir* ses fron-
daisons, entre la truelle de Courbet et le bain de
bitume où Robert Fleury se noie, pendant que Doré,
un Génie parfois, s'égare...

Tous s'y rencontrent, depuis Géricault dont « le
Trompette » devient — naturellement — » *la* trompette de *Jéricho* », jusqu'à Caillebotte avec sa Place
de l'Europe violette « vue *au sortir de l'atelier de
Manet* ».

Pour que rien ne manque à la folie de son tour de
force et de farce, Ghemar a fait modeler des cadres
symboliques, analogues aux sujets de ses toiles. Il
ne manque pas de clouer des clous, de vrais et
énormes clous, aux semelles des zouaves d'H. Vernet ; ailleurs il s'amuse à piquer un aviron nature,
un aviron en vrai bois, au bordage d'un bateau, et
du « Marché aux chevaux » de Rosa Bonheur, il détache en toute saillie la tête empaillée de l'étalon, le
foin aux dents.

Est-il besoin de dire que les recettes de ce
« Musée Ghemar » — dont, plus de vingt ans après,
on parlait encore de Bruxelles à Ixelles, — allaient
tout droit prédestinées à une œuvre de bienfai-
sance ?

Quant aux dépenses, son travail d'œuvre en outre,
Ghemar se réjouit fort de s'en tirer avec deux cents
billets de-mille francs sur table. Il avait diverti les
autres et il en avait eu lui-même, comme on dit,
pour son argent.

Vicissitudes, chutes humaines! — Finalement
cette étonnante collection du « Musée Ghemar », —
de si gros tapage à son heure et qu'il eût été si
intéressant de nous conserver dans son ensemble,
— se dispersait il y a quelques années, à l'étranger,
sans bruit, incognito, aux enchères sans écho d'une
salle de ventes à peu près vide...

Ghemar n'était plus là : subitement, sur cette
explosion apothéotique de la plus géniale incohé-
rence, cet éclat de rire s'était à jamais figé dans les
insondables tristesses, — et le *poor Yorick!* » si
bon, si allègre, si vivace, si ouvert et dispos à toutes
les clartés, s'était éteint, sombre, serré aux tempes
par la vis de l'atroce idée noire...

*
* *

Toute différente de ces souvenirs de Ghemar —
toujours présents — s'offre à notre mémoire la
figure de Silvy, dont les œuvres et tout au moins
autant la personnalité agitèrent pendant une longue

suite d'années la « Nobility » et la « Gentry » Londonniennes.

Il en est sur qui l'attention publique semble toujours provoquée et qu'elle s'obstine à suivre, quoi qu'ils fassent ou ne fassent pas. Silvy était essentiellement de ceux-là.

Il appartenait au personnel diplomatique et une brillante carrière lui était déjà assurée, lorsque par une inspiration des plus inattendues mais très compréhensible à cette heure-là, il quitta tout pour fonder à Londres un atelier de photographe. — Photographe et maison, comme on va voir, à nuls autres pareils.

D'une excellente famille française, Silvy décelait des origines évidemment italiennes par son masque de jeune Michel-Ange, la correction tout académique de sa statuaire et cette pureté classique de la forme qui fait la grâce, l'eurythmie du geste. Aux matinées d'Hyde Park, qu'en homme de toutes les élégances il ne pouvait manquer d'observer avec une ponctualité liturgique, par le croisement sans fin des cavaliers et amazones dont l'infatigable crayon de Guys nous a légué les « instantanés », Brumell et d'Orsay eussent reconnu du premier coup d'œil dans l'échappé du Parthénon, monté sur un pur-sang que plus d'un lord enviait, l'accompli *sportsman*, l'impeccable, le dernier fidèle du dilettantisme expirant. D'une originalité bien personnelle, dont le goût par-

20.

fait en la tenue eût eu horreur de ressembler à l'excentricité, ce « *sensational* » émouvait le remous des foules sans paraître même s'en apercevoir.

Quelle haie de profonds et longs regards pétrifiés sur le passage du ravageur ! Que de *misses* pour longtemps rêveuses, et que de transes pour les mamans ! Silvy ne fut-il même pas amené en certaine rencontre à se réclamer de la presse contre des rumeurs de légende qui en arrivaient à l'énerver et qui eussent pu finir par jeter sur lui quelque discrédit ?

On ne s'étonnera pas si les après-midi de ces matins-là ne pouvaient fournir assez d'heures pour satisfaire l'aristocratique clientèle qui accourait en foule chez Silvy, ne se lassant de venir, moins encore de revenir, sollicitant des semaines, des mois à l'avance, le tour d'inscription qui permettra enfin à la bienheureuse appelée de se trouver quelques minutes devant le Maître charmeur en stricte tenue de réception, cravaté de blanc, — et à l'entrée de chaque cliente, jetant négligemment dans une corbeille déjà pleine sa paire de gants blancs, pour en prendre une autre irréprochablement neuve...

De plus — et en quoi donc cette gloire vaudrait-elle moins que toutes nos autres gloires? — de plus était-on assurée de trouver au prochain « Christmas » son nom imprimé dans le Livre d'Or des clients de l'année, que, régulièrement comme l'almanach de Gotha, la munificente courtoisie de Silvy adressait

libéralement à tous ses fidèles. — Quel piment surtout pour le petit monde de la « Gentry ! » dans
cette « Foire aux Vanités ! »

L'attente, tenacement résignée dans les salons de
Silvy, pouvait être longue, mais non ennuyeuse.
L'établissement, — si j'ose ici me servir de ce
vocable commercial, — l'établissement disposé et
aménagé à perfection embrassait un vaste périmètre, en plein centre, tout à côté d'*Hyde Park*, à
l'endroit de Londres où le terrain se toise avec des
bank-notes. A leur gré, clientes et clients pouvaient
se distraire au défilé des équipages, des aristocra-
tiques écuyères ou écuyers qui passaient l'un après
l'autre devant l'objectif sans arrêt en joue, ou bien
admirer les richesses décoratives jetées à pleines
mains dans les galeries par un irréprochable haut
goût et avec une profusion dont la somptuosité
n'avait devant rien reculé. Dans les éléments, choix
et dispositions de cette exhibition mobilière, si
individuellement limitée qu'elle fût, l'Anglais émerveillé pouvait entrevoir ce qu'est le génie Latin. —
Je dois pourtant dire qu'elle se trouvait éclose des
Flandres, cette miraculeuse tapisserie de Charles le
Téméraire, tramée or et argent, que je ne pouvais
me lasser d'admirer...

Silvy, pourtant, avait fait dans un certain passage
une concession à la quiddité Britannique : — LA

CHAMBRE DE LA REINE ! — installée, exceptionnelle-
ment, dans le plus pur goût anglais.

Chaque visiteur devait, dans sa trajectoire com-
binée, passer devant cette salle à deux battants
ouverte mais défendue contre tout accès profane par
une haute grille en fer forgé, beau travail Florentin
du seizième. — En face, sur la cheminée médiane,
une statuette équestre en pur argent que Silvy avait
payée trente mille francs sonnants, un gros chiffre
alors, au sculpteur favori de l'époque, Marochetti :
— LA REINE !!!... — A cette apparition, tout bon
Anglais, toute Anglaise de race, s'inclinaient dans
un respectueux silence, osant à peine soulager d'un
regard furtif le terrible, je n'ose dire le bestial besoin de curiosité objective, l'une de leurs caracté-
ristiques nationales.

Personne ne devait entrer, — autre que LA REINE
— dans cette CHAMBRE DE LA REINE, et personne
n'y entra jamais :

« — ... ni la Reine non plus, me dit en riant Silvy,
car je l'attends encore... — Mais c'est égal : *ça fait
bien !...* »

On voit que le parfait gentleman, l'artiste homme
du monde, n'était pas sans avoir quelque intuition
appétente du « businéss » et des procédés. On aura
déjà pu s'en douter un peu.

Et il sut en effet réaliser des sommes énormes.
— Je suppose qu'il dut savoir aussi largement les
dépenser, car ses allures de grand seigneur n'étaient
point une affectation vaine. Il était né la main
ouverte, et ouvert aussi était son délicat esprit
autant que son aimable visage.

A un de ces moments de fatigue que nous connaissons tous si bien, Silvy fut traversé de l'idée
de céder sa maison anglaise. Il m'en vint parler à
Paris, et sur son invitation j'allai lui rendre sa visite à Londres.

Mais avait-il déjà abandonné son projet à peine
conçu, par une des bizarreries de son esprit mobile
qui semblaient lui donner une grâce de plus ? Quoi
qu'il en soit, il ne m'en parla point pendant mon
court séjour ; je restai sur la même réserve, et on se
sépara tout amicalement, sans avoir soufflé mot de
l'affaire. — Ce trait ressemblait fort à Silvy : peut-
être aussi un peu à moi.

Mais il me parut que sa délicatesse se sentait malaise du dérangement inutile qu'il avait causé. —
Au moment de l'adieu, il voulut absolument m'offrir
un écrin contenant l'unique daguerréotype connu
de Balzac, qu'il tenait de Gavarni. Nul présent,
assurément, ne pouvait m'être plus agréable.

Qu'est devenue cette maison de si grande enver-
gure alors, et dont le nom ne vient plus à nous?

Qu'est devenu ce Silvy triomphal et rayonnant ? En
quelles mains toutes ces splendeurs ! Où la riche tapisserie de Charles le Téméraire? Où « *la Reine* »
de Marochetti? Où Marochetti lui-même?... — Au
moins, la mort qui nous fauche accorde-t-elle du
temps aux choses....

*
 * *

Dans cette nomenclature, très à peu près chrono-
logique de nos « primitifs » et de nos disparus, liste
que j'essaye d'évoquer, éloigné de tous documents,
avec mes seuls souvenirs, j'ai dû oublier plus d'un
méritant. J'en demande mon pardon à la mémoire
de ceux qui ne sont plus, comme aux survivants.

L'un de ces derniers arrivés et le dernier parti,
Walery, a laissé de récents et surtout trop de bons
souvenirs pour que son nom puisse ici nous échapper.

Walery — de son nom comte Ostrorog — était né
dans la Pologne Russe, — celui des trois tronçons
que les émigrés dénomment la Pologne du Royaume.

Comme plusieurs autres individualités remarquables dans les successives émigrations de ce brave
peuple qui ne se reconnaîtra jamais vaincu, le comte
Ostrorog avait été élevé au Corps des Pages, à Saint-
Pétersbourg.

Nous le retrouvons, pendant la guerre de Crimée,

capitaine de lanciers polonais au service du Sultan et déjà s'occupant, en sa garnison de Warna, des opérations daguerriennes.

En même temps, musicien consommé et chercheur en toutes choses, il reçoit une médaille d'or pour une invention relative à la percussion dans les orgues.

Mais c'est surtout la photographie qui fascinativement l'attire : vers 1864, il ouvre à Marseille, boulevard du Musée, son premier atelier.

A peine en a-t-il assuré le succès qu'il cède son établissement pour venir en créer un autre à Paris, rue de Londres.

L'infatigable activité de Walery, son ingéniosité toujours en éveil et son intelligence générale de toutes les choses d'art, son esprit pratique, sa distinction personnelle, ses formes courtoises, surtout sa présence sans relâche sur le terrain du combat quotidien, — présence réelle s'il en fut, bien précieuse chez tout chef d'industrie, — tous ces éléments déterminèrent en l'assurant le plein succès de cette création.

Mais lorsque, depuis quatre ans à peine, l'établissement croît en toute prospérité, Walery n'y trouve déjà plus aliment à son activité toujours haletante. Il faut qu'il aille plus loin, ailleurs, créer autre chose. Il veut vendre, vendre à tout prix ; il cède son œuvre à moitié de valeur, revient par Marseille, court à Nice, et, sans trop s'y attarder dans deux tentatives infructueuses, arrive enfin à Londres où, après l'épreuve consacrée des premières lenteurs et hésitations de tout public anglo-saxon, il s'élève à l'apogée des Silvy et des Saroni, — lorsque brutalement, d'un coup, l'anévrisme vient foudroyer en pleine et définitive victoire ce lutteur infatigable.

Walery avait plus et mieux que le charme natif de la race Polonaise, charme déjà si attractif malgré le soupçon de banalité, et le regret est double quand l'homme d'intelligence et d'exécution est en même temps l'homme de cœur. Il ne fit jamais de mal et il fit du bien.

*
* *

Terminons.

Il me faut bien arriver en cet ordre de dates à parler un peu de celui qui écrit ces lignes et reste, croit-il, le doyen des photographes professionnels français, sans que ses quatre-vingts ans présents l'empêchent d'être chaque matin le premier levé à ses ateliers.

Donc, du journaliste que j'étais en ces jeunesses, une autre fortuité s'était trouvée faire un dessinateur. J'entends dessinateur *sans le savoir*, comme on disait à l'époque chère à Veuillot, l'époque du grand style que nous laisserons là se débattre avec le bon français. — Je n'avais jamais reçu une seule leçon de dessin : les milliers de pochades publiées au-dessus de l'*N* se chargent trop explicitement de l'aveu. Je m'en tenais à une attraction, peut-être a une certaine aptitude native, plus que limitée sur le terrain d'esthétique, et à une fécondité assez inépuisable de motifs et légendes en ces heures de politique militante.

Se passer de savoir et de talent était donc possible par l'indulgence de ces temps si différents de ceux d'aujourd'hui, où tout le monde a du talent; mais encore fallait-il répondre à l'inexplicable et nutritive faveur des éditeurs et du public. Or, la demande débordait notre production. L'art n'ayant absolument rien à voir par ici, partant toute gloriole hors mise, la camaraderie du crayon avait fini par créer une sorte de raison sociale, un syndicat, comme on dirait à présent, ayant pour marque de fabrication cet *N.* prolifique dont je me trouvais l'éditeur responsable et que l'on retrouve foisonnant dans tous les illustrés « pour rire » de l'époque. De réels artistes, Nanteuil, Gavarni, Couture, Voillemot, Bayard, Foulquier, Darjou, Béguin, Prevost et autres encore, passant parfois vers notre atelier, ne dédaignèrent pas d'y laisser leur trait de crayon et quelques-uns même s'y attardèrent.

Lorsque vint à nous traverser l'idée de ce *Panthéon Nadar* qui devait contenir en ses quatre

feuilles successives mille portraits : — gens de lettres, auteurs dramatiques, peintres et sculpteurs,
musiciens, — et qui s'essouffla dès la première page
parue, l'importance de l'entreprise nous donna à
réfléchir.

Il y avait de quoi.

A la vérité, la première grosse difficulté se trouvait
résolue. Rien en effet de plus facile à nous que faire
venir tous nos modèles en cette maison dont chacun
d'eux connaissait le chemin ; par une grâce singulière, je me trouvais en relations amicales, — inti-
mité ou bienveillance, — avec toutes les illustrations
de l'époque.

Restait l'exécution du travail, le *Hic* : — transfi-
gurer en *comicalities* ces centaines de visages divers
en conservant à chacun l'imméconnaissable ressemblance physique des traits, l'allure personnelle, —
et le caractère, c'est-à-dire la ressemblance morale,
intellectuelle.

Souligner, par exemple, dans le visage si sympathique de Dumas le père, de tous le plus populaire
alors, les indications de la race exotique et forcer
l'analogie simiesque d'un profil qui semble donner
d'emblée raison à Darwin, en accentuant surtout la
note prédominante dans *le caractère* du personnage,
c'est-à-dire l'extrême, infinie bonté ; — écraser le
nez trop fin chez le modèle, évaser ces narines délicatement incisées, obliquer encore le bienveillant

sourire des paupières, exagérer selon le mode de Mésopotamie cette lèvre lippue toujours en avant pour le baiser, exaspérer la puissance de cette nuque de proconsul, — sans négliger de créper davantage et floconner ce què Jules Janin appelait « *sa tignasse* » et sans oublier, dernier détail, de réduire encore la conque de la microscopique oreille.

Mais s'il s'en rencontre devant lesquels cela va, comme on dit, tout seul, la nature ayant d'avance si bien arrangé les choses à notre profit qu'elle se trouve faire notre besogne et qu'on ne sait plus si c'est la charge qui est le portrait ou le portrait qui est la charge, — comme par exemple, chez un Champfleury, — combien va-t-il être moins commode de garder vestige de ressemblance en travestissant l'orientale beauté, la sérénité Olympienne de Théo !

N'y a-t-il pas encore là quelque chose qui ressemble à une impiété dont il fût, tout au plus, à l'irrévérence d'un Scarron ou d'un Offenbach, permis de faire litière ?

Et il en est bien d'autres encore avec qui l'impertinence quelle qu'elle soit ne suffira point. Comment le crayon malhabile, butor, pourra-t-il jamais traduire en la langue la plus vulgaire les délicatesses, la finesse exquise de Branville ?

Et comment enfin déduire l'individualité si personnelle, comment l'étrangeté si naïvement et parfaitement sincère de cet alambiqué Baudelaire, né natif du pays de l'Hippogriffe et de la Chimère?

La photographie qui venait de naître offrait au moins à mon impuissance cette ressource de ne pas fatiguer trop longtemps la bonne volonté de mes modèles, en même temps qu'elle allait ouvrir devant moi des avenues jusque là insoupçonnées...

Un vieil ami, — bien qu'alors nous fussions jeunes, — Camille d'Arnaud, qui avait quitté la rédaction du journal d'Houssaye, *l'Artiste*, pour partager les recherches du savant praticien Bertsch, m'offrit de m'enseigner le métier.

En ces temps où les besognes, tant simplifiées aujourd'hui, nous étaient si compliquées et mal commodes, avec quelle patience affectueuse, jamais lassée, l'excellent homme s'appliqua-t-il à éduquer l'animal rétif que j'étais, inattentif, l'esprit à côté et l'œil aux corneilles, toujours insupportablement impatient de voir la fin avant le commencement !

Par combien de matinées cette volonté implacablement méthodique s'obstina-t-elle à me faire prendre — jusqu'à des trente fois de suite — entre mon pouce et mon index, selon le rite, la feuille de glace avant de me permettre d'y lancer d'un jet la nappe de collodion, ainsi qu'il se faisait en ces âges héroïques !

Mais c'est ainsi, seulement, qu'on fait les bons

doigts, et c'est les bons doigts, d'abord, qui font les bonnes maisons ;

— à quoi de mon mieux j'ai tâché d'arriver, — gardant le souvenir ému à mon cher maître avant moi parti...

LE NOUVEAU PRÉSIDENT

DE LA SOCIÉTÉ FRANÇAISE DE PHOTOGRAPHIE

Une maison vers le milieu de la rue de l'Ancienne-Comédie, numéros pairs, presque en face de ce vieux café Procope familier aux Encyclopédistes du dix-huitième siècle, où Diderot n'avait dû manquer de confesser parfois coudes en table le neveu de Rameau.

On avait à grimper jusqu'aux combles pour gagner le vaste grenier baigné de lumière, promu laboratoire par le jeune et déjà célèbre professeur ; mais arrivé, on ne se repentait de l'ascension, car il y avait là de quoi ne pas s'ennuyer. Ça sentait bon le travail.

Laboratoire, oui, et aussi ménagerie; l'endroit était mémorable. Il est de ces souvenirs tellement gravés à première vue qu'ils se représenteront toujours à vous sur évocation, palpitants, comme une épreuve humide encore de quelque eau-forte frais tirée.

Dans un bel ordre irréprochable, hors lequel tout labeur qui n'a pas de temps à perdre se trouve malaise, parmi les appareils et instruments scientifiques de toutes sortes, classiques ou imaginés d'hier, — à science neuve outils nouveaux, — des cages, des aquariums, et des êtres pour peupler cela : pigeons, buses, poissons, sauriens, ophidiens, batraciens. Les pigeons roucoulaient; les buses ne soufflaient mot, peut-être par crainte d'être reprises en leur qualité ou réputation de buses. Une grenouille évadée du bocal, par contravention tout exceptionnelle sautait à l'étourdie devant vous pour échapper à la caresse de la semelle. Pleine de gravité, une tortue procédait sans vain empressement mais avec une continuité opiniâtre d'un angle à l'autre par les impedimenta divers, infatigable à sa tâche, comme sous une idée fixe en quête de quelque problème et avec la sécurité que donne une conscience tranquille, assistée d'une carapace à l'épreuve. Sous les mailles du treillis, les couleuvres à collier jaune distendaient énerveusement leurs muscles vertébraux en jouissance de la température tiède, et dans le compartiment voisin le petit œil éveillé d'un lézard gris guettait à tout hasard le passage de quelque imprudent éphémère à peu près pour lui seul visible. — Partout, dans tous les coins, la Vie.

Aux tables d'étude, — devant les organismes des engins compliqués, demandant compte, rectifiant le jeu de quelque engrenage, ou recherchant quelque

formule parmi les textes, des jeunes hommes en
essaim, quelques-uns adolescents à peine. Leurs
clairs visages sont illuminés de la noble passion
curieuse. De cabinets latéraux en tambours contre
les parois, alvéoles de la ruche, d'autres jeunes
sortent, vont, viennent. Et tous ces regards, tous
ces pas convergent au centre, en appel vers l'impeccable chef de l'orchestre silencieux, le MAITRE aimé,
encore presque comme eux jeune.

Mais — aspect inoubliable — avant tout, sur tout,
m'apparaît, comme nimbée d'une auréole dans le
hâlo particulier qui la suit, et trottinant muette
sans troubler ni déranger rien par cette jeunesse
qui la révère, — une femme qui a déjà compté avec
l'âge mais preste et ayant l'œil à tout, discrète,
comme exiguë dans sa solennité, le vêtement resté
fidèle à la simplicité du terroir natal : je m'incline
devant la créatrice naïve et réelle, inconsciente et
vénérée, de tout ce qui se fait là, — la Mère du Maître.

Et hier encore, au bout de ces quelque trente ans,
les derniers en amont, qui lui font ses quatre-vingt-
dix ans sonnés, j'avais hier la douce émotion de la
retrouver même, couvant toujours le fils tant grandi,
alerte telle qu'alors, comme éternelle par le bienfait
de quelque grâce méritée, lisant sa gazette sans aider
ses yeux, indifférente devant l'horloge qui lui compta
tant de longues heures et qui reste encore notre dé-
bitrice...

*
* *

Comment la première fois étais-je là venu, particulièrement profane, pour ne pas prononcer indigne, en ce sanctuaire de l'application, de la science exacte, moi l'inappliqué, le rebelle à toute cogitation, déduction, suite quelconque, rétif né à tout calcul même aux rhabdologies primitives, irrésistiblement fuyard devant tout ce qui n'est pas le payement du premier effort au comptant immédiat ? — Voici qu'il me faut répéter une fois encore ce que j'ai eu tant de fois à redire.

Nous sommes en 1863. Je m'étais avisé de demander à l'aérostation des photographies du planisphère. A quelques descentes un peu vives, chocs ou traînages où par le plus petit vent il nous arrivait de casser arbres et murs, j'avais dû conclure que c'était décidément une folie de prétendre diriger contre le vent ce que nous étions impuissants à seulement arrêter sous le vent et qu'en conséquence ce qu'on s'obstine à dénommer la direction des ballons était pure chimère. Mais estimant d'autre part que l'homme a le droit d'aller là-haut puisque l'animal y va, je n'avais pas eu grand besoin de réfléchir pour conclure qu'il fallait, comme les homœopathes vis-à-vis de l'allopathie, renverser la proposition, c'est-à-dire, à l'exemple de l'oiseau, de l'insecte, être « plus lourd que l'air », plus dense, si vous voulez,

pour nous imposer, pour commander à l'air. (— Et
dire que pour quelques-uns, ceci, à cette heure, a
encore besoin d'être répété !...)

Tout illuminé, transporté de la trouvaille qui
m'apparaissait essentielle, j'avais avec un certain
fracas sonné la cloche pour carillonner à tous ceux
qui en savent plus que moi l'appel sur cette piste
dont mes incompétences personnelles m'interdisaient
le but.

Mon manifeste souleva un *tolle* général dans la
tribu fort peuplée alors des éleveurs de « poissons
volants ». La clameur en fut assourdissante ; grande
surtout l'indignation contre l'ignorant, l'impertinent qui venait fourrer son nez là où il n'avait
que faire. Décidément Banville avait eu raison :
j'étais né pour être toujours prêt à me mêler de
ce qui ne me regarde pas. De là, naturellement,
force injures. En plus, ne sachant m'engager à demi
ni me marchander une fois parti, comme le fond de
ma bourse était du coup entré en danse, y compris
même ce qui n'y était pas, on suppose... — non ! on
ne pourra supposer jamais quels ennuis cruels et si
longs chagrins...

Aujourd'hui qu'il n'est plus sur le globe, pour
qui regarde et voit, d'autre *Credo* que l'Aviation, que
l'humble petit clan des premiers apôtres, notre trio
des Anabaptistes est devenu légion et que tous les
chercheurs sont désormais concentrés sur le pro-

blème de l'unique « plus lourd », il n'est pour personne aucune raison de rappeler ce petit coin individuel de l'historique initial, — si ce n'est ici pour moi.

Au plus fort de la mêlée, par le plus méchant moment des épreuves que je viens d'indiquer, m'était survenu un relèvement bien inattendu : l'honneur d'une visite spontanée de l'académicien Babinet que je voyais pour la première fois. Il venait me dire : « — Vous avez raison ! » — J'étais autant que de besoin affermi ; mais la rescousse me fut bonne.

Un autre, tout autant précieux, ne se faisait pas attendre : — celui que je n'avais pas encore rencontré et dont j'ai aujourd'hui la gloire d'être l'ami, le professeur Marey tombait à l'improviste en ma demeure. Chargé au Collège de France d'un Cours sur les mouvements animaux comparés, il n'avait pas, me dit-il, donné place dans son programme au Vol humain. — « ... Mais vous venez de faire un tel tapage en ce coin-là qu'il m'était impossible de n'y pas regarder, et m'y voici avec vous. *Qu'avez-vous à m'apprendre ?* »

Moi, — à Lui !... — Ah ! si celui-là, celui-là entre tous, le voulait, — s'il pouvait détourner de ses absorbants labeurs quelque peu de lui, comme je serais sûr d'avoir enfin, avant ma dernière heure, l'ineffable joie de voir enfin l'homme sillonnant les airs, en pleine possession de ce dernier domaine — qui lui appartient !

Comment pourrais-je oublier jamais cette venue

de Morcy — si précieuse, si douce par les amertumes d'alors ! — et qui amena ma première visite
rendue à la rue de l'Ancienne-Comédie ?

*
* *

Assurément, par ce très grand siècle scientifique,
Marey devait naître à l'heure extraordinaire où le
phonographe allait faire passer de l'imaginaire au
réel le fantastique chapitre de Rabelais, — cueillant
et couchant synoptiquement et synacoustiquement
sur le papier, sans besoin du dégel, toutes les paroles surprises au vol et figées en l'air par la congé-
lation.

Dès le début de ses études médicales, il avait
estimé à son aptitude et jugé plus digne de lui
comme plus utile aux autres de dévouer son action
entière non à la clinique proprement dite, mais à la
recherche des phénomènes de la physiologie qui
éclaire la route et dicte ses lois à la thérapeutique.

Il se trouvait comme impérativement appelé à ces
minutieuses investigations par la soif de connaître,
l'esprit de méthode, le besoin de l'absolu dans la
certitude, l'acutesse de pénétration, la fertilité de
ressources, l'ingéniosité extrême ici doublement
servie par le goût de la mécanique et un don tout
spécial de dextérité. Réservé, défiant toujours devant
même les évidences, obstinément tendu, acharné au
contrôle du certain par l'irrécusable, — à la preuve

de la preuve, — Marey était marqué comme le chef futur de l'école *a posteriori*, l'arche de science du père Chevreul. Comme l'entêté centenaire, quand il aura vu, il voudra revoir. Encore ne s'en tiendra-t-il pas à n'accepter de son œil que tout juste et sous toute réserve ce que sa main aura confirmé et son oreille garanti : en légitime garde contre nos illusions de la vue, du tact, de l'ouïe, sujets à caution trop souvent pris en faute, il ne voudra se fier décidément qu'à l'automatique, indubitable sincérité de l'outil désormais par lui chargé de voir, toucher, entendre pour lui, en même temps que par lui commissionné pour marquer impeccablement du *ne varietur* ce qui aura été vu, touché, entendu.

Et comme pour ce tant jaloux, ombrageux amant de l'incontestable, l'emploi d'un instrument unique peut toujours laisser fissure à doute ou soupçon, il entend que — là où sa parole, c'est-à-dire son honneur va être engagé, — d'autres instruments à côté du premier contrôleront celui-là, par lui collationnés eux-mêmes en leurs concomitances, s'entre-surveillant et dénonçant, faisant la police et contre-police les uns des autres.

*
* *

Aussitôt nous voici devant l'inépuisable imaginative, l'interminable, surprenante kyrielle de toutes les machines d'investigations, engins de constats re-

produisant la vie en dehors de la vie, mécanismes
enregistreurs, appareils schématiques de l'instan-
tanéité micrographique dans l'organisme animal,
tactiles, optiques, acoustiques : le seul olfactif sera
toléré à bouder dans son coin. Tout ce qui regarde,
tâte, écoute, compte, pèse et mesure a été requis,
mis sur pied et braqué dans ces parallèles de l'assié-
geant, — dynamographie, chronographie, densigra-
phie, hypsographie, calorigraphie, — toutes les gra-
phies. Ce n'est que sondes, ressorts, rouages, bou-
dins, bobines, pédales, détentes, bielles, engrenages,
barillets, *id est* cassement de tête à tout bout : toute
grande ouverte la boîte de la Pandore aux migraines;
mais Marey ne s'en chaut. Les instruments qui ne
sont pas, il les crée : ceux qui sont faits, il les parfait, de l'un sur l'autre avançant toujours, sourd aux
fanfares de ses découvertes, à jamais inassouvi en
sa quête du pire que le mieux, par les sphygmos-
copes, sphygmomètres, sphygmographes, sphygmo-
phones, quoi encore ? — Puis notre surérogatif imagine de résumer tous ces services en un seul, et il
crée en manière d'adjudant-major général son polygraphe qui comprend et relève l'ensemble : — le
sphygmographe à transmission pour l'exploration
des pulsations du cœur et des artères, qui marquera
ce que Bouillaud appelait « *les faux pas du cœur* », —
le pneumographe pour recueillir les courbes des mouvements respiratoires, — le chronographe qui cote
les durées et intervalles des phénomènes inscrits.

— C'est fini?

Jamais!!! — Sur son polygraphe il en super-
pose un autre, un nouveau, — de poche, celui-
là, — chargé de recontrôler les contrôles du premier. — Et il continue à pousser devant lui, tou
jours cherchant, toujours trouvant, moins essoufflé
de sa prolification enragée que nous de l'énuméra
tion. Mais quand s'arrêtera-t-il? Quand il aura com-
biné sa manigance suprême, celle qui le fera se tenir
enfin tranquille. — Nous n'y sommes pas.

*
* *

On a vu qu'en homme qui commence par le commencement, il a disposé l'ordre de ses premières
recherches vers les phénomènes de la circulation.
Nous ne saurions ici le suivre dans ses inquisitions
et réquisitions du cœur par les détails de l'organisme, des systèmes artériel et veineux, du foie, des
nerfs, de la locomotion, des artères, etc., etc., investigations poursuivies jusque vers les capillaires et
encore sur les plus petits animaux, par toutes les
idiopathies, de l'hyperémie à l'anémie, de la fébri-
lité à l'algidité, épiant le cadavre même et en obte-
nant la révélation de sa finale tombée de calorique.

On ne doute pas que le scrupuleux espion du positif, le si fin chasseur et limier d'absolu n'aura battu
tous les buissons, scruté le dernier sillon, à traquer
le Secret des choses. — Nous nous en tiendrons dans

la brièveté ici requise à l'indication sommaire du principe, qui est comme le point de départ de sa méthode générale : *Un levier mis en mouvement par les battements vitaux inscrit ses oscillations sur le cylindre tournant d'un hymographion.* — Ainsi, pour tâter le pouls, l'ampoule de caoutchouc remplace le doigt du médecin pressant la radiale et le sphygmogramme obtenu, homologuant le délinéament envoyé par chaque poussée des ondées sanguines, vient ajouter en une ligne de plus son attestation à la collection sans fin des procès verbaux documentaires.

* *

J'avais examiné avec un vif intérêt, lors de ma première visite à la rue de l'Ancienne-Comédie, ces grandes pages synoptiques, tableaux légèrement encadrés s'ouvrant et tournant au doigt en in-folio colligé sur reliure pivotale portée à hauteur d'œil sur une tige à trépied, de pratique si ingénieusement facile. Je ne les ai pas retrouvées à la charmante Villa Maria, de Posilipo, où — toujours flagrant à son œuvre comme le feu sans arrêt des hauts fourneaux, — le Maître va passer ses hivers, descendant parfois de son laboratoire pour contempler rêveur, mais étudiant encore, la lente progression des oursins grimpant la roche par la profondeur transparente et céruléenne du golfe Napolitain. — Mais nul doute que l'amoncellement de ces fondamentales archives, véritables pièces de caisse de notre science moderne, soit précieusement gardé en un digne retrait, continuant chaque jour à s'enrichir.

Elles sont d'une absorbante attraction, ces feuilles où se déroulent en linéaments blancs sur le noir funéraire des tableaux les variations à l'infini de l'hymne vital, c'est-à-dire la complainte de notre misère. Hommes et femmes, enfant, adulte, vieillard, indemnes et valétudinaires, y ont apporté chacun à son quartier générique leur témoignage autographe sous un serment qui ne se viole point. Ce n'est qu'ondes, courbes, ressauts, trépidations, caprications, saccades, ascensions brusques et tombées subites ou lentes, rebondissements semblables aux sommets déchiquetés de quelque chaîne volcanique. Dans ces diversités symptomatiques des stigmates de notre existence, rythmes de toutes les souffrances humaines, chaque maladie, chaque poison a sa gamme personnelle. Les soubresauts hachés de la colique de plomb ne sont pas les décrochements de la typhoïde, le pas de la belladone se marque autrement que celui du curare. — Le pouls de l'enfant vibre, s'élance, batifole : — du vieillard, la ligne de vie, significativement affaissée, se tasse, s'écrase, comme si, répondant à l'appel, le moribond voulait étreindre, pour s'y enfouir, cette terre qui le siffle....

22.

De ces images, la plus pathétique, la plus saisissante m'apparaît celle qui nous donne à lire d'un
regard le dernier souffle, l'ultime température d'un
cholérique : — je n'aurai pas rencontré mise en
scène, tableau, ni page écrite aussi dramatique que
l'unique filament de ce diagramme en sa lugubre
simplicité.

Comme plus fulgurante au moment suprême où elle
va s'éteindre, la fusée de vie de l'agonisant s'est
élancée en un dernier jet, vain effort de résistance
désespérée, traçant par le vide noir ses soubresauts
en zigzags éperdus, jusqu'à son zénith — d'où, d'un
coup, elle tombe oblique comme l'étoile qui file et
rentre dans la nuit de l'horizon glacé...

*
* *

On admire le magicien ès arts et métiers qui a su
confesser ainsi la matière non pensante et nous en
tirer de telles éloquences.

Mais il n'est que temps de m'apercevoir qu'une
antique, toujours chère attraction gardée de quelques
études premières m'a déjà retenu trop longtemps
devant le biologiste, quand c'est ici le photographe
qui doit nous occuper. — Le nouveau Président de
notre Société Française de Photographie ne saurait
attendre.

La méthode automatique appliquée par Marey à
l'observation des mouvements animaux ne pouvait

manquer de réclamer de la photographie l'un de ses plus précieux adjuvants.

Nous retrouvons dès les pages inaugurales de la collection de *Paris-Photographe* un intéressant exposé où le Maître indique l'application de la photographie à l'analyse de tous les mouvements. Des figures parachèvent l'explication du texte.

Ici c'est la succession des évolutions d'un bâton lancé avec impulsion rotative ; là, les images consécutives, au nombre de sept, d'un homme qui saute, franchit un obstacle, et retombe ; puis celle d'un cheval monté au trôt désuni ; puis vingt-quatre images présentant les phases du tir dans l'escrime française, comparativement avec vingt autres de l'escrime espagnole, les vingt-quatre obtenues en deux secondes. — Enfin une série de petits clichés d'une mouche surprise pendant qu'elle court en agitant les ailes.

On n'a pas oublié dans le monde photographique l'émotion causée par les premières épreuves instantanées qui nous arrivèrent de San Francisco. Muybridge envoyait vingt-quatre attitudes successives d'un cheval pendant un temps de galop. Disposés dans un zootrope, père du cinématographe, ces vingt-quatre relevés d'une action périodique arrivaient par la giration à donner aux yeux l'illusion du mouvement lui-même. Muybridge gardera cet honneur.

Il faut reconnaître pourtant qu'il restait beaucoup,

presque tout à faire pour arriver de cet empirisme
à la création d'une science positive, à la photographie instantanée de précision, s'entend de la rigoureuse, absolue précision imposée pour les constats
scientifiques. Marey commença par supprimer le jeu
des vingt-quatre objectifs de Muybridge. Tolérable
en certaines conditions pour grands modèles et
longues distances, ce système était inadmissible à
petites distances et sur petits sujets.

Les vingt-quatre objectifs normalement remplacés
par un objectif unique, la *Chronophotographie*. de
Marey s'attacha à établir d'abord dans le relevé les
indispensables équidistances. Étant abolie la condition primitivement imposée des modèles blancs détachés au plein soleil sur fonds noirs, bientôt il
arrivait à obtenir soixante images par seconde, et,
sous la préoccupation des études microscopiques,
des grossissements de 1 à 1000. — Ce n'était que le
commencement.

Nous ne saurions ici exposer la succession des
essais par lesquels Marey eut à passer pour en venir
à constituer cette science nouvelle de la Photographie documentaire, qui restera sienne. Le praticien trouvera dans sa *Méthode graphique* * et dans
nombre de ses mémoires l'intéressant historique de
ses tâtonnements et de ses conquêtes. Premier ana-

* 1885, 2ᵉ édition.

lyste *positif* de la mécanique animale, il a traduit par
de véritables épures géométriques les mouvements de
la locomotion. Parvenu à l'indéfini dans la division
du temps désormais partagé en millièmes de seconde,
jusqu'à dédaigner les inutiles exagérations de vitesse dont son gré dispose, il a surpris des mouvements que l'œil ne pouvait saisir *. Pendant que
Mach de Vienne suit et inscrit la balistique de la
balle de fusil, Marey démontre optiquement dans
la chute des corps la loi d'uniformité de l'accélération, et il arrive même à avoir raison des phénomènes
latents quand il surprend les mouvements dans les
liquides et les gaz, etc., etc., etc. — Aux *etc.* pour
le passé, ajoutons ici les *etc.* pour l'avenir, attendus
de cet infatigable.

*
* *

On a trop souvent regret à ne pas rencontrer chez
les hommes hors ligne le caractère à la hauteur de
l'Œuvre. Ici la simplicité, la facilité cordiale semblent bien d'accord avec la modestie, j'allais dire
l'effacement du rôle par prédilection choisi : rôle
apparemment moindre, premier rôle en réalité quand

---

* 3ᵉ Année, n° 3 de *Paris-Photographe.* — Voir encore
dans le numéro suivant le très intéressant compte rendu des
résultats similaires obtenus par M. le vicomte Ponton d'Amé-
court.

le génial marqueur des points est celui qui vérita-
blement conduit la partie et nous la gagne.

Autour de lui le dévouement, l'empressement des
aides légitimement fiers de travailler sous un tel
maître, répondent à sa bienveillance paternelle à la
fois et fraternelle. Poussant au scrupule la loyauté
de l'inventeur, c'est avec une profusion nominative
presque encombrante qu'il se plaît à l'énumération
des sources où il s'est trouvé puiser, et il est surtout touchant dans l'effusion de ses témoignages envers ses principaux collaborateurs ou élèves, ses
amis Chauveau, Lorain, Demény.

Le haut respect où est tenu le professeur Marey
dans l'universalité du monde savant témoigne que
notre enthousiaste non plus qu'une vieille et chère
amitié n'auront ici rien fait exagérer à celui qui n'ou-
blia, qui ne pourrait oublier jamais sa première visite
d'il y a trente ans au grenier-laboratoire de la rue de
l'Ancienne-Comédie...

———

La Société Française de Photographie a eu pour
présidents successifs avant le professeur Marey,
élu à l'unanimité, par acclamation, le 1er dé-
cembre 1893 :

Fondation 1856 à 1867 : — Regnault ;
1868 à 1876 : — Ballard ;
1876 à 1880 : — Peligot,

et en dernier lieu le grand investigateur qui en 1870 prit glorieusement le chemin des airs au-dessus des lignes allemandes pour aller observer le passage de Vénus, — Janssen, que la limite ordonnée par le nouveau règlement pouvait seule déposséder.

LE DOMPTEUR D'ABEILLES

Sa carte venait de me l'apprendre : il se nommait
non seulement « Maunier » mais encore, s'il vous
plaît, — « de Flore », — « M. Maunier de Flore »,
— ce prédestiné agreste...

Et je vis entrer un pur, solide Provençal, de taille
un peu au-dessus de la moyenne, large d'épaules,
vaillamment cambré sur son râble, le clair regard
bien net dans votre regard, la mine ouverte et de
belle humeur ; — je ne passe pas non plus pour en-
gendrer la mélancolie : on pourra s'entendre.

Immédiatement, écourtant les formules, et sur le
rythme chantant et sonore qui me charme à jamais,
— qu'il vienne des pays d'Oc, d'Oil, (— c'est toujours d'ail, —) il me dit en coup droit :

— Monsieur, connaissez-vous les abeilles ?

— Monsieur, oui ; mais je les connais — sans les connaître.

— Pas suffisant, pas suffisant, monsieur ! Il faut que vous les connaissiez tout à fait, et ça me regarde. On leur a fait une réputation de mauvaises coucheuses qu'elles ne méritent aucunement : des moutons, monsieur, de véritables moutons !, — Oui, je sais : il y en a qui prenpent des gants pour leur parler, des gafits et des masques ; ça fait pitié ! Jamais de masque, moi, monsieur, jamais de gants, — et je ne vis qu'avec elles ! — Et je me charge, moi qui vous parle, je me charge, entendez-moi bien, monsieur Nadar, de vous camper au plein d'un essaim déchaîné — avec moi à côté de vous, monsieur, avec moi ! — Et tous deux ensemble, nous ouvrirons, nous tournerons, retournerons, tripoterons, — sur nos genoux, si vous voulez bien — une ruche en plein travail, sans que vous ayez à souffrir d'une seule piqûre ! — Et photographions ça, raide ! — Si la chose vous va, je suis votre homme : — vous va-t-elle ?

*
* *

Ça vous a toujours et encore quelque chose d'affriolant, ces expéditions-là : il semble que la bagarre vous siffle... — et puis encore une fois, comme disait mon Banville, c'est si amusant, se mêler de ce qui ne vous regarde pas : — et par-dessus le mar-

ché; enfin, mon tentateur apparaissait là tellement
sûr de son affaire, de notre affaire...

Mais cette fois, ne nous emballons pas trop vite !
D'ici je *LES* entends déjà gronder — (*ELLES* s'in-
quiètent de rien !) — et me crier que ce n'est plus de
mon âge, les aventures — (comme si j'avais besoin
d'elles pour me le rappeler, hélas !...) — Et tout à
point encore je me remémore les légendes de tant de
gens mis à mal, au plus mal, en vérité, par ces bes-
tioles-là : pas plus tard qu'avant-hier, dans le
journal, l'histoire de ce voiturier assailli, qui ne s'en
releva pas...
Et sans aller plus loin, comment ne me revien-
drait-il pas à l'esprit celui que nous avions appelé le
Monstre, — vous savez, mon voisin de campagne,
cet animal de propriétaire si antipathique, tellement
ladre qu'il poussait, à écouter Karr, l'avarice jusqu'à la prodigalité, — celui-là qui avait fait installer
dans son jardin une ruche « *pour utiliser* » ses fleurs.
Aussi les abeilles, ces braves petites vengeresses,
l'eussent plutôt dévoré tout cru que lui permettre
de se présenter dans ses propres allées autrement
qu'enveloppé de gaze verte de la tête aux pieds,
comme les baromètres des mairies de campagne.
— Ce même « Monstre » que je vois, que j'entends
encore, me criant un matin par-dessus notre treillage, en levant ses bras voilés de gaze vers le Ciel,
dont les Monstres ne revendiquent pas moins leur

part : — Voisin ! MES mouches M'ont mangé MON miel ! !! »

Bon ! Mais à moi, à moi, en vérité, m'avaient-elles jamais porté ombre de préjudice, les justicières de ce Pharisien ? Et Dieu sait pourtant si ces communistes nées se souciaient de notre treillage individualiste et se gênaient pour fourrager et foisonner chez moi tout comme chez elles !

*
* *

Cependant notre bon M. Maunier — et même de Flore — attendait ma réponse, un point d'interrogation dans chacun de ses deux yeux braqués, — et toujours semblant tellement, mais tellement sûr de lui, de nous !...

Il ne faudrait cependant pas tant se presser de toujours critiquer les autres : voyons, qu'est-ce que vous auriez fait à ma place, vous-même qui me lisez ? Et ne dirait-on pas vraiment qu'il s'agit là de lions et de rhinocères ! Avant tout, s'il n'était hors de tous risques, ce brave homme m'engagerait-il et s'engagerait-il lui-même à côté de moi dans une telle partie ? — Oui, oui, qu'on y va ! Mais soyons malin : nous ne soufflerons mot, pour ne pas troubler la famille, puisque ces bonnes gens-là ont toujours peur de tout, — et nous filerons à l'anglaise...

— Eh bien ! monsieur Nadar ?

— Eh bien ! monsieur de Flore, quand vous voudrez.

— Avez-vous le temps aujourd'hui ?

— Non, mais je vais le prendre.

— Présentement?

— Présentement.

Donc je m'esquive, — et nous sautons dans la voiture qui attend. Le cocher, sur un signe, file.

— Allons-nous loin ?

— Tout près, au Prado.

*
* *

Il faut vous dire — je l'avais négligé — que nous sommes à Marseille, en ce bouillonnant, étourdissant, éblouissant et tant aimable Marseille qui me grise et que je ne me consolerai jamais d'avoir découvert si tard...

En chemin mon compagnon m'expose au mieux que, par sa position géographique, son ciel pur, son soleil, la Provence est par excellence le pays des fleurs et que, qui le croirait ! c'est précisément là qu'on trouve le moins d'apiculteurs.

— Mais c'est intolérable ! et vous avez cent fois raison. Vite, vite, faisons des ruches !

Ils ne m'ont pas attendu : le Midi, à la fin et devant telles évidences, ne pouvait manquer de bouger,

comme on dit. Le voilà qui bouge, et pas à demi,
car il vient d'un premier et seul coup de créer : —
d'abord la Fédération apicole de Provence, des Alpes
et de la vallée du Rhône ; — puis un journal men-
suel (voici le premier numéro) des travaux de la Fédération ; — et enfin la première Exposition de la
Fédération apicole du Midi, avec Concours, Concours
pour tout : — Concours pour abeilles vivantes (?), Italiennes, Chypriotes, Carnoliennes ; — Concours des
miels en rayons, en cadres, en sections, en pots ; —
Concours de cires, gaufrées, en briques, — des
hydromels, liqueurs au miel, bières, vinaigres, con-
serves au miel, — gaufres, chocolats, opiats, savons, etc., — tout ça au miel ! — puis les Concours
industriels, puis les Concours agricoles, avec prix et
récompenses, à partir de la meilleure ruche fixe ou
mobile — pour finir (numéro 46) au meilleur re-
mède — « *pour la guérison* (aye !) *des piqûres d'a-
beilles...* »

— Hé, hé ! nous y voilà ! — Elles piquent donc ?...

— Les maladroits, oui, monsieur, — et elles ont
raison !

Le bon de Flore est subitement devenu un peu
sec : n'appuyons pas... — Au surplus, nous voici
arrivés.

De drapeaux, ce qu'il en faut, — le modeste apparat d'un festival champêtre dont la simplicité tout

d'abord nous gagne. L'endroit est au mieux choisi,
et le gai soleil a toute aise pour s'ébaudir dans son
ciel clair sur cette vaste place qu'encadrent, avec
sa grille de façade, trois corps de grandes galeries.

Saluons : — nous sommes dans la première Exposition de la Fédération apicole du Midi !!!

*
* *

Tout y est méthodiquement disposé et aménagé
dans le meilleur ordre, chaque exposant à l'affût·
devant sa chacunière, vous visant de l'œil, prospectus
en main, le robinet d'éloquence en joue, prêt à
jaillir sur un geste, sur un regard, sur rien (— faites
un pas pour voir !...) — et le visiteur est stupéfié
devant tout ce qu'il n'aurait jamais pu supposer de
tout ce qui touche à ce monde des abeilles — et de
tout ce qui nous en vient.

Rapidement, mon guide, qui me semble l'âme de
cette Exposition, m'y fait les honneurs de toutes
choses, me fourrant par force de-ci de-là, en poche,
flacon, pot ou savon, mais visiblement hâtant notre
revue... — Enfin :

— A nous, maintenant ! dit-il, — et il passe ses
mains sous le robinet d'une fontaine, puis les essuie
avec un linge bien blanc :

— Monsieur Nadar, trois points essentiels : —
n'avoir aucune odeur sur soi, même la plus faible

— jamais, jamais un mouvement brusque, qui puisse effrayer ou inquiéter ; — et enfin, avant tout, avoir confiance, ne craindre ! — Vous ne crai-gnez ?

— Je ne crains.

Il passe devant moi, et, revenus à la grande cour, nous pénétrons dans une enceinte réservée, close d'une barrière à la hauteur d'appui, obstruction indispensable devant le gros du public.

En effet, c'est là que M. Maunier de Flore doit n'être en rien troublé dans ses démonstrations qui se succèdent tout le jour.

Voici sa ruche, une ruche de son invention, qui ne ressemble en rien aux ruches que nous connaissons, et me paraît tout à l'heure les laisser de bien loin en arrière.

*
* *

Imaginez une manière de parallélogramme, en bois blanc, d'à peu près mètre sur mètre, angulairement dressé sur un chevalet bas. — A terre, auprès, une assiette contenant un liquide incolore.

Sous l'aplomb du soleil Phocéen, la ruche est en pleine action, au centre de la nuée bourdonnante, du *tutti* des violoncelles de ces laborieuses qui, sans fin ni trêve, entrent et sortent, chacune toute à son affaire...

Pareillement tout à la sienne, notre apicole, passant devant moi sans plus me regarder que si je n'existais pas, a allumé et ingéré quelque chose qui fume dans un petit soufflet dont il joue légèrement, mais non sans quelque majesté, de droite, de gauche, autour de lui : — tel un magicien impeccable décrit dans l'air les cycles cabalistiquess de l'incantation...

Je lui ai emboîté le pas et me suis installé avec modestie contre la ruche, au-dessous et au-dessus de laquelle il souffle encore deux ou trois petits coups de sa petite affaire : puis — voilà le moment ! — doucement, il découvre, en levant la paroi qui fait couvercle...

*
* *

Du coup, si délicatement aménagé qu'il fût, violent émoi et remous profond dans les foisonnements du personnel ailé ainsi mis à jour, avec rinforzando formidable de la musique.

Toute la garnison est sortie, mais elle sort toujours et ne finit plus de sortir : et des vingt mille miliciens qu'à peu près contient toute ruche, cette fois, quand il n'y en a plus, il y en a encore.

Nous nous trouvons enveloppés, obscurcis, aveuglés, perdus au milieu de ces myriades de porte-glaives, titillés de tout nous, faces, cous, mains, par ces effervescences mouvantes, — une immersion

dans un universel frôlement, — comme lorsqu'en
ballon on entre au plus épais du nuage et qu'on vient
à rencontrer contre ses joues la caresse atone de la
buée ou le bris frissonnant des tant fines, invisibles
aiguilles de la glace...

Mais les aiguilles présentes n'auraient rien d'aussi
rafraîchissant et le fait est — si on vient à y songer
un instant — que si une seule de toutes ces petites
« histoires naturelles », tout à coup prise du vertigo,
venait à s'aviser de se fâcher et de donner le *la* aux
autres... brrr ! ! !...

Et, rêvant à ce que peut en cet instant présenter
à l'objectif déjà braqué notre duo nébulosé, effondré par ces prolifications pullulantes, — obstinément me revient un souvenir du vieux *Tintamarre*
de Commerson, ce cliché à tel point criblé de points
noirs qu'on n'en distinguait plus qu'en très vague
le sujet lamentable : — *Famille espagnole grêlée par
les punaises* »...

* *
*

Mais voici que du milieu de notre nue vivante,
toujours impassible, tel, un dieu Olympïen, M. Maunier se tourne vers nous, brandissant d'une main
son couvercle, comme pour la démonstration :

— Tiens, tiens, tiens : vous aviez pris une chaise,
vous, monsieur Nadar ? — Pas bête !

— Ma foi oui, monsieur Maunier ; mes vieilles jambes n'aiment pas rester debout sur place...

— Et que vous avez bien fait. — Eh bien ! vous voyez si j'avais raison et qu'il n'y a pas de danger avec moi. — Maintenant, veuillez remarquer tous les avantages de ma ruche, la disposition si commode, si propice à tout et pour tout, de mes rayons en feuillets, de ces feuillets qu'en effet je feuillette comme les pages d'un livre, — et comme il m'est facile à toute heure de les consulter recto et verso, tout chargés qu'ils sont de miel, de cire, de couvain et de travailleuses si bien à leur besogne que toutes mes manœuvres ne peuvent leur faire lever le nez de sur l'ouvrage. — Et voyez encore avec quelle facilité je détache à volonté et remets à sa place chacun de mes petits volets, comme avec vos nouvelles reliures mobiles... Suis-je dans la vérité ? Vous en avais-je trop dit ? — Rendez-moi témoignage !

Je n'avais en effet qu'à reconnaître et proclamer que jamais chose annoncée ne fut plus exactement accomplie, cas rare aujourd'hui que tout programme est devenu aussi menteur qu'une profession de foi. Et je félicitai et je remerciai le digne apicole pour m'avoir initié, — d'autant plus admirant que ce dompteur d'hymenoptères ne fût lui-même, en somme, comme vous et moi, qu'un simple et modeste aptère...

En nous séparant, il sembla me donner à entendre

que, sans parler de la réserve prudente de ses mouvements, inspirée par sa pratique suivie des abeilles,
il devrait leur inocuité surtout à la petite assiette où
il mettait une pincée de sel dans quelques gouttes
d'eau... Finalement il m'annonça que son Exposition de Marseille touchant à sa fin, il se disposait à
porter à celle de Bruxelles le curieux enseignement
dont il m'avait précieusement gratifié...

*
* *

Alors maintenant, — puisque le voilà parti, —
trahissons !

De vous à moi, — si je l'ai bien compris, — je ne
croirais pas trop que l'eau ni le sel de la petite
assiette comptent pour grand'chose dans l'affaire,
par cette raison que je ne vis pas cette première fois
une seule mouche faire visite à la dite assiette. Et
que la seconde fois, — car je demandai et obtins de
renouveler l'expérience, — l'assiette même était
absente, — ce qui n'empêcha en rien les aimables
mouches de se comporter en toute parfaite discrétion à notre endroit — et même à notre envers...
Je croirais beaucoup plutôt que c'est le je ne sais
quoi qui brûle dans son petit soufflet qui stupéfie
les abeilles, — insuffisamment pour interrompre
leurs occupations, — assez pour les rendre indiffé-
rentes à toute idée de combativité.

— Mais alors, s'il en est ainsi, pourquoi l'excellent homme ne le dit-il pas?

— Ça, pour le moment, paraîtrait que ça ne regarde que lui...

1830 ET ENVIRONS

Je suis né aux approches de ces temps d'innocence où un ministre ne volait pas plus de cent
mille francs : encore s'y mettaient-ils à deux, comme
pour se faire mieux prendre * et, plus étrange
encore condamner. Les mœurs étaient douces, les
cœurs simples. Un assassinat nous faisait deux
ans : les conversations s'en contentaient. Deux
ans pour la Belle Ecaillère de la rue Montorgueil
tuée par son pompier, deux ans pour l'assassinat de la Bergère d'Ivry, puisqu'on rencontrait
encore à Ivry une bergère ; nous avons changé tout
cela. Il y en avait qui criaient : Vive le Roi ! quand
le roi passait ; il y en avait qui ne criaient rien. Les
vignes donnaient du raisin avec quoi on faisait du
vin. On se mettait en pantalon de toile à Pâques,
parce que tous les marchands de coutil ne s'étaient

* Affaire Teste et général Despans-Cubière.

pas encore faits fabricants de calorifères. Les quatre
lions en bronze qui gardent l'entrée par où on
n'entre pas à l'Institut recevaient avec soumission,
à chaque renouveau, leur badigeon vert-chou admi-
nistratif, — et le bon beurre mi-sel d'Isigny couramment se vendait quatorze sous la livre.

*
* *

Dans le tome premier de ses *Misérables*, Hugo —
saluons ! — nous peint un magistral tableau de
l'année 1817, si vivant, si grouillant, que les personnages y obstruent un peu le fond : l'Esprit s'en
prend d'abord aux êtres avant les choses comme la
main grand' ouverte laisse tomber les glanes. A
peine le Maître nous donne-t-il le temps de distinguer : « — une chose qui fumait et clapotait par la
» Seine avec le bruit d'un chien qui nage, allant et
» venant sous les fenêtres des Tuileries, du pont
» Royal au pont Louis XV : c'était une mécanique
» bonne à pas grand' chose, une espèce de joujou,
» une rêverie d'inventeur songe-creux, une utopie :
» un bateau à vapeur. Les Parisiens regardaient
» cette inutilité avec indifférence. »

1817 est déjà loin de ce 1830 où vont se confondre
mon enfance et mon adolescence, vers lequel, avec
une mélancolique douceur, je me retourne sur les
acteurs et le paysage. Un peu avant, un peu après,
dans l'indifférent pêle-mêle des faits et des dates

avec lesquelles surtout je suis né brouillé, nettement ils m'apparaissent se détachant par les brumes
du lointain...

D'abord nous la tenons, cette vapeur, obéissante
étreinte. Stephenson a élagué les crans en saillie, les
pattes qu'il avait tout d'abord imaginé d'adapter à
ses roues pour les prémunir contre l'envie de
patiner sur les rails, l'esprit humain procédant toujours du composé au simple. Le premier chemin de
fer des frères Pereire roule déjà sur Saint-Germain
à l'heure où M. Thiers à la tribune affirme de tout
son haut que « les roues glisseront sans avancer
jamais », puis finalement, n'en démordant pas
puisqu'il ne peut avoir tort, que ce « mode de trac-
tion » ne saurait être utilisé jamais que pour « brèves
distances ».

Comme si d'un enchanteur ou d'un machiniste de
théâtre, le premier coup de sifflet de la première
locomotive a donné le signal d'éveil, d'envolement à
toutes choses. Tout un monde nouveau s'émeut en
cet universel avril, se tâte, s'agite, se décoche en
essor, quitte à chercher après où on prendra pied :
tout est en question mis ou remis. Paris, cœur et
cerveau, bout.

On rencontre des religions à chaque coin de rue,
emboîtant le pas aux dernières sorties du ptérodac-
tyle et des plésiosaures qui viennent de culbuter

Cuvier et poussent droit à déconcerter les Genèses
malgré rappels et mandements d'évêques. C'est
l'heure où absolument on veut croire à n'importe
quoi, et c'est encore croire à quelque chose qu'être
bien sincère à ne croire à rien. Il y a là de tout et du
grotesque avec. — Rue de Bondy, — tout à côté de la
maison où notre admirable Taylor va commencer à
gagner la statue que Coquelin ne lui donnera pas, —
rue de Bondy, au fond de la cour, derrière les voitures du déménageur, l'abbé Châtel, qui ne s'appelle
pas encore monsieur Loyson ni même père
Hyacinthe, dit la messe en français, le vrai moyen
évidemment pour la faire comprendre. — Les Templiers eux-mêmes viennent de ressusciter, —
Jacques Molay est mort! Vive Jacques Molay! —
avec pourpoints, maillots, toquets et dague en son
fourreau de cuivre doré qui cogne noblement sur la
cuisse gauche; les dames (il y a des dames) portent
sur le poing des manières de faucons empaillés.
Mais ces bons Templiers ne paient pas leur loyer et
il y a encore d'autres petites choses qui ne vont pas
comme il faudrait; la police fait évacuer. Temple à
louer. — A Ménilmontant, les aborigènes traitent un
peu vif à coups de pierres les Saint-Simoniens par
trop coquets, décolletés comme des danseuses, le
buste étranglé sous la coupe rituelle de redingotes
collantes largement ouvertes à la poitrine, le pantalon étroit sanglé par le sous-pied sur la botte vernie:
Enfantin arbore sur le blanc plastron de son thorax

le mot « *PÈRE* » en majuscules noires. Faire ainsi retourner les passants, des gens si sérieux et qui vont tout à l'heure tout tenir ! — « Méconnu comme poète, méconnu comme réformateur * », Charles Fourier cherche où planter les fondations de son phalanstère, Cabet médite de fréter sur l'Icarie ses entêtés « retour du Texas. » — Il y avait encore rue Saint-Louis-en-l'Isle, à côté de notre bon Jean Wallon enfant, un autre très brave homme, le Dieu Cheneau, qu'on appelait le *Ma-Pa* parce que sa religion superposait la *Mater* au *Pater*, la femme à l'homme, attendant Girardin à la rescousse du matriarcat. — Dans le tas, pas si fous tout de même, ces deux-là, au fin fond...

*
* *

On vivait comme dans une buée chaude et l'atmosphère avait de subites poussées d'un air qui brûle. Je n'ai qu'à fermer les yeux pour revoir, du petit pont de l'Hôtel-Dieu, aux derniers coups des fusils de Juillet qu'on décharge sur sa victoire joyeusement en l'air, les grands fauteuils dorés du sac de l'archevêché flottant au fil de la Seine au gré du tourbillon, tête en haut, tête en bas, avec les brocards des chasubles, les blancs des surplis et le lit

---

* Élie Reclus, *Les Primitifs d'Australie*.

de plume de Monseigneur de Quélen... — Mais en somme, apparemment, quoi de nouveau ?

Les idéologues d'hier, qui s'appelaient avant-hier les bleus, s'appellent aujourd'hui les républicains, pour s'appeler demain les socialistes, qui s'appelleront ensuite les anarchistes, jusqu'à mieux. — Il n'y a plus aux portes des Tuileries les factionnaires suisses en habits rouges qui empêchaient d'entrer, même de sortir tout paquet, fût-ce un livre sous le bras. Ce fut bon au temps où il était « distingué » chez les petits bourgeois de faire porter aux enfants le deuil du duc de Berry; je le portai. Mais s'il est maintenant conquis de lire dans les jardins publics, il y est défendu de fumer, la liberté, comme on commence à dire, n'étant pas la licence. — On se ferait remarquer à ne pas appeler la Russie « le colosse du Nord » et l'Angleterre est naturellement « la perfide Albion ». De ces deux-là, on se défie ferme. Las Cases avec son « *Memorial de Sainte-Hélène* » fait verser bien des pleurs sur le monstre qui tua plus de trois millions d'hommes, et même des poings de douze ans se crispent au nom d'Hudson Lowe, le haut justicier. En revanche, on adore « la douce » Allemagne et le romantisme déjà arrive à point pour achever l'engouement.

— La batellerie bat son plein. Tout vient par eau. Les pommes — que de pommes ! — et le reste se chargent par tombereaux vers « la Rapée », au quai du Mail qui n'est plus assez large pour accueillir les arrivages ; la bouche de Paris s'ouvre plus grande que ça et il y a beau temps qu'elle réclame : l'administration fait dire qu'elle s'en préoccupe. — Le génie d'Haureau, lequel doux Haureau mourra retour des pontons, sans avoir jamais su pourquoi, sans en vouloir à personne, sans même penser à s'en plaindre, Haureau n'a pas encore créé l'architecture de demain, fer et terre ; il n'a déjà donné ni à Paxton les épures du Crystal Palace Sydenham, ni le plan des Halles Centrales à Baltard. Aussi le ventre parisien s'en tient au marché des Innocents, sur l'ancien cimetière non encore exproprié au profit des Catacombes. — Il n'y a pas dans toute la ville une seule boutique de marchand de fleurs : un unique marché une fois par semaine, les samedis, au quai de l'Horloge. — La girafe qu'on vient d'amener pour la première fois en Europe fait fureur au Jardin du Roi, qui s'appelle maintenant le Jardin des Plantes parce qu'on y va voir des animaux. Modes, enseignes, tout est « à la Girafe ». Les « Osages », six à sept Peaux rouges du pays cher à Cooper, lui succèdent non sans quelque gloire, mais ça n'est plus ça. — Succès toujours aux marionnettes du sieur Séraphin, *Le Pont cassé* », feux pyrriques (?) et arabesques », Galerie Valois, près du café du « Sauvage » et de celui « des Aveugles », deux trous sous l'angle proche du passage Radziwill : ici, un homme

habillé en sauvage de la Courtille, maillot chair,
plumes multicolores en tête et en ceinture, tape
furieusement sur une série de caisses graduées ; là,
quatre pauvres diables, aveugles ou pseudo, raclent
ou soufflent des airs peu variés. Chacune de ces
deux caves a son public enthousiaste. Ces divertis-
sements comptent en tête des distractions pari-
siennes. — A propos de musique, un chef d'orchestre vient d'imaginer un instrument dont on
raffole : le cornet à pistons. — En face du Palais de
justice, nouvelle petite place où nous irons bientôt
sauter dans la salle du Prado d'hiver, et qui sera
plus tard notre boulevard du Palais, une fois par
semaine, le jeudi, se dresse à dix pieds environ de
hauteur un échafaud grossièrement équarri, avec
des poteaux plantés sur la plate-forme. La bonne,
un peu hasardeuse, me fait un jour passer par là et
par la foule opaque je parviens à entrevoir trois
hommes et une femme, en bras, comme on dit,
de chemise, liés à ces poteaux : ce sont les condamnés à « l'exposition » et à « la marque. » Ils
échangent à tout gosier d'ignobles lazzis avec la
foule. Sur le plateau, deux autres hommes, libres
de liens, ceux-là, tenant l'un un réchaud de charbon flamboyant sur lequel deux outils mystérieux,
à manche de bois, l'autre un seau où flotte une
grosse éponge dans l'eau vinaigrée. Ça, c'est pour
la marque : TF, travaux forcés à temps, TP, à per-
pétuité. L'un des deux hommes découvre brusque-

ment l'épaule gauche d'un des attachés et, rapide, y applique le fer rouge. Un cri : la chair a grésillé, odorante jusqu'à nous, pendant que l'homme au vinaigre baignant la plaie vive avec son éponge est déjà passé au second patient. J'ai mis la main sur mes yeux et je m'enfuis, plein d'horreur. L'affreux spectacle me poursuit... — C'est devant l'Hôtel-de-Ville, à la place de Grève, qu'on guillotine.

— On se moque fort des quelques « civils » qui se mettent maintenant à porter moustache comme s'ils étaient militaires (— de quoi je me mêle ! —) et principalement on s'indigne contre les commis de magasin, les « *calicots* » qui s'y montrent les plus osés. On en fait des pièces de théâtre, et il y a même des bagarres à ce propos ; mais le meilleur moyen est encore de se laisser pousser pleine barbe pour se faire assommer au premier coin de rue comme *bousingot*.
— Il y a une émeute par jour. Les étudiants, fils de bourgeois, y fraternisent avec les ouvriers, et les ouvriers croient que c'est arrivé. On compte sérieusement aussi sur les élèves de l'École polytechnique. Les gardes nationaux avec la ligne répriment : ceux de la banlieue tapent le plus dur. Puteaux, Courbevoie, Saint-Ouen — je dis Saint-Ouen et ses conseillers municipaux en tête — sont particulièrement féroces à larder les émeutiers.

— On vient de fermer les maisons de jeu du Palais-

Royal et Frascati, au coin du boulevard et de la rue
Richelieu, et en même temps on inaugure la nouvelle Bourse près du nouveau passage des Pano-
ramas. Comme cette Bourse et la synagogue n'ont
pas encore décrété le mode du chapeau vissé sur la
tête, et comme il y a moins que tantôt tout à l'heure
de parvenus et de parvenants, la vieille politesse
française remarquablement règne encore. C'est à
qui cédera le pas; on se salue dans les escaliers —
on remonterait plutôt, sur une distraction, les marches — et on apprend aux petits garçons à tirer leur
casquette à gland en entrant dans une boutique. Ça
se passerait mal avec maman si je négligeais de
me découvrir en portant le sou au pauvre. — Le
sou, et même moins, car un sou, c'est déjà beaucoup. Si la pièce d'or est presque une curiosité, les
payements se faisant en pièces de cent sous dans les
sacs de forte toile grise, on a des pièces de trente
sous, de quinze sous, des six liards tout plats et des
liards. Or, un sou c'est quatre liards, quatre unités
qui peuvent nous représenter chacune une félicité
parfaite : au choix, quatre bonshommes en pain
d'épices, quatre verres de coco. Sans parler de vingt
hannetons, vingt! que débitent des petits qui courent les rues, criant à tue-tête leur marchandise
grouillante en un vieux bas : V'là d'z'hann'tons,
vingt z'hannetons pour un liard!... Oui, la vie est
douce...

— Aussi personne ne sourcillait quand la vieille

tante Maillet, nous congédiant, me met dans la main un sou, pour nous deux, et nous adresse sa recommandation sacramentelle : « Allez, mes enfants, amusez-vous bien, et ne dépensez pas tout, parce que l'argent coûte cher ! » Il a été dit que les goûts sont simples. — On travaille partout, ferme. Les études d'avoués, de notaires, sont ouvertes règlementairement dès huit heures sonnant, et si le patron n'est pas premier déjà dans son cabinet, c'est qu'il est mort ou bien malade. Et on se couche tôt. Tout est clos, sans exception, et dort à minuit.

— Sur le quai de Gesvres, d'aval en amont et d'amont en aval, les fripiers ont envahi toutes les échoppes comme punaises de bois vieux tilleuls. Devant chaque porte, les marchandes hèlent et harponnent le passant ; elles portent uniformément sur la tête un chapeau d'homme haute forme. C'est atroce. —C'est encore des femmes qui nettoient le jour et allument le soir, tout huileuses, les réverbères qu'elles descendent et remontent avec une corde remisée sous clé dans la potence pendant le jour, en attendant le gaz qui, depuis des années, flamboie dans les derniers bourgs anglais. A aucun prix, les marchands d'huile et de quinquets ne veulent en entendre parler, et ils ont trouvé tout de suite sous la main deux écrivains recommandables, MM. Charles Nodier et Amédée Pichot — l'académicien Tissot, cette fois, n'est pas dans l'affaire, — pour dénoncer et développer dans un in-octavo tous les inconvénients et perversités du gaz, y compris le danger de notre subversion totale, par explosion, étant aux mains des malfaiteurs. Mais ça ne fait rien, et nous venons d'attester notre initiative par un premier essai dans la rue de la Paix. Chaque soir, tout Paris s'y porte, admirant.

— En attendant, on ne s'aventurerait pas, le jour une fois tombé, par les ténèbres des Champs-Elysées dont les quinconces poudreux s'arrêtent à la barrière d'octroi, laquelle s'ouvre dans le mur de ronde, juste devant l'Arc-de-Triomphe. — L'avenue Montaigne s'appelle l'Allée des Veuves : elle est occupée d'un bout à l'autre et des deux côtés par des maraîchers. — Il y a aussi des maraîchers dans trois des quatre grands trous qui défoncent isométriquement la place de la Concorde, prémunis chacun du même cordon de balustres en pierre ; le quatrième trou, devant le Garde-Meuble, est tenu par la petite ménagerie, volailles, cochons d'Inde, tourterelles, perroquets, macaques, de « la femme aux singes ». Ça ne sent pas trop bon quand d'en haut on se penche là-dessus. — L'animal, au surplus, règne par la ville : pas de boutique de fruitier ou de charbonnier devant laquelle en toute liberté ne picore la poule, ne chipote le lapin, ne sautille la pie, venant de temps à autre boire un coup à ces bornes-fontaines que l'édilité a nouvellement installées dans toutes

les rues pour éclabousser le passant à l'heure de
midi, et contre lesquelles le distrait se cogne cruellement la crête des tibias. Les porteurs d'eau y viennent remplir leurs deux seaux qu'ils montent à tous
étages, conjugués par un cerceau. Chaque voie, deux
sous. — C'est du parapet de cette « femme aux
singes », qu'assis avec les camarades de l'institution
de cet excellent M. Augeron, nous verrons tout à
l'heure dresser l'Obélisque rapporté hier de Louqsor
par le prince de Joinville. On est ému, car des bruits
courent qui ne doivent pas rassurer l'ingénieur Le-
bas, commis à l'érection : les Anglais, toujours jaloux — et de quoi? — auraient soldé un traître pour
scier l'intérieur des câbles : oh! ces Anglais!... —
Aussi, lorsque lentement, lentement, les câbles,
soulevant l'énorme aiguille en son maillot de ma-
driers, arrivent à la camper dans la verticale, quel
soulagement, quels bravos! — Bientôt, quand les
quatre grands trous seront comblés, nous verrons
là sur les glacis de bitume s'essayer les premiers
vélocipèdes qui s'appelleront les vélocifères, en bois
et sans besoin de pédales, puisque c'est du sol
même que les pieds impulsent; puis succédera
l'autre inventeur qui démontrera les patins à rou-
lettes, renvoyés à plus tard.

*
* *

— A la place des magasins du Louvre, et jusque sur

le Carrousel, un inextricable dédale de petites rues
coupe-gorge, étranglées, noires et humides, Pierre
Lescot, du Doyenné, cénacle des romantiques, jusqu'à
la rue de l'Échelle, où l'éditeur imagier Auber fonde.
la dynastie vaillante des Philipon et Martinet-Haute-
cœur. — La place du Carrousel est sans pavé. Entre
les flaques d'eaux croupies et les monticules de boue
foulée, hauts parfois d'une bonne aune, des échoppes
en planches où on trouve tout pour rien, bahuts et
crédences du seizième, coffres de mariages, Durers
et Rembrandts de premiers tirages, armures niellées
d'or, et l'un, rarissime, des quatre petits flambeaux
en faïence du service d'Henry II, acheté là pour quelques décimes, et que Strauss payera à l'hôtel, plus
tard, quatorze mille francs sur table, en attendant
mieux, etc., etc. : des trésors pêle-mêle, à terre,
sous la pluie. Avec des pièces de quarante sous,
Dusommerard et Sauvageot sont là en train de
monter Cluny et Carnavalet. — Tout autour, des
marchands de vin à grandes enseignes, militaire-
ment peinturlurées, grenadiers aux bonnets à poils
majestueux, coquets lanciers aux plastrons jaunes
et shapskas amaranthe. De chaque porte de ces débits de vins, à l'affût comme araignées de leur trou,
les limiers du remplacement font leur métier de
racoleurs, acheteurs et vendeurs d'hommes, allumant le jobard par le tableau des félicités du service, à en pleurer de tendresse.

— On va ferme à pied, bien qu'on rencontre par-ci par-là quelque grand fiacre, peint d'un jaune de chrôme, terrible, et encore un cabriolet à deux roues où on est assis à côté du cocher qui ne laisse pas tomber la conversation. (Un jeune expéditionnaire aux bureaux de la liste civile, Alexandre Dumas, dont on commence à parler, vient de nous tirer de là une bien jolie nouvelle.) — Mais c'est à la place de la Concorde qu'il faut aller chercher les coucous, jaunes encore, dont les conducteurs s'égosillent à invoquer les amateurs : « Saint-Cloud ! Saint-Cloud ! » Saint-Cloud, pour lors, c'est Dieppe, c'est Trouville. La voiture va toujours partir à l'instant, tout de suite ; mais on sera une heure à attendre le voyageur suprême qui doit compléter le chargement et s'incrustera entre les deux autres déjà serrés, à côté du conducteur, « en lapin ».

— Broussais saigne, toute l'École resaigne, sursaigne, poussant vers la névrose la génération anémiée qui va suivre. — Au bal, pas un bras nu de jeune héritière sans les stigmates des vésicants. Le petit Beraud, d'Antony Beraud le dramaturge, muni comme toute sa dynastie, voit Frédéric Soulié se dénudant pour le bain et, avec stupeur apitoyée, s'écrie : « Tiens, tu n'as pas de cautère ! » C'est essentiel, constitutif, un membre. Humeurs peccantes. — L'ail est le fond de la médecine d'opposition : en dépit d'Orfila, le nom de Raspail y tombe comme de cire pour la rime, et ses helminthes devinés ouvrent l'invisible marche aux microbes de Pasteur, Grancher et Roux. « Abraham genuit Jacob », et Brid'oison a dit qu'on est toujours le fils de quelqu'un. — Dans toutes les boutiques, comme d'uniforme, le comptoir en chêne est agrémenté de pièces fausses en tout métal et de tout format, impitoyablement clouées sur place, comme oiseaux de proie sur porte, gage sans réplique de la scrupuleuse loyauté du marchand. — On fait grand tapage d'un certain marché Gisquet-Perier, un marché de fusils. — Le *Nain Jaune* appelle finement le préfet de police Delessert le préfet *Je-les-serre*, mais on s'accorde à reconnaître qu'au moins ce préfet-là est un honnête homme, et ça passe encore pour quelque chose. — Il y a toujours une Académie, même des académiciens, ce qui n'empêche pas la préfecture de s'obstiner à placarder à chaque approche de la canicule son « Ordonnance concernant les chiens ET les bouledogues », comme l'article 21 du réglement de la Chambre des députés, pieusement copié par celui de la Chambre des pairs, persiste à stipuler que : « Dans les discussions, les orateurs parlent alternativement pour ET contre. » — Des bouledogues, on n'en voit que trop à la barrière du Combat, où mon germain Randon, qui ne manque pas une représentation, vient de me conduire, vers la montée de Belleville. Ce spectacle fait fureur par les bouchers, garçons bouchers et

« messieurs les amateurs ». C'est à qui amènera son plus terrible chien pour le faire s'entre-déchirer et estropier avec d'autres. La petite affiche bleue, permanente à chaque carrefour, montre le premier sujet de la troupe enlevé à la force des mâchoires sous une couronne de pétards. Mais la célébrité, la vedette, c'est « l'âne Martin » qui, attaché, défie tous les molosses ensemble qu'on veut bien lui amener et, avec une prestesse vertigineuse, leur casse les mandibules à chaque ruade. Je sors de là, écœuré, avec une tristesse!... et je n'ai pas remercié mon cousin. Est-ce qu'on ne devrait pas empêcher cela?

— L'Anglais Perry vient de nous apporter les plumes de fer, — une révolution qui fait place nette des plumes d'oie et des canifs. — Il n'est pas encore question des allumettes à frottement qui vont apparaître prochainement sous le nom d'allumettes chimiques allemandes, bien qu'elles aient été inventées par un Français ; mais les amis du progrès qui ont renoncé au briquet de silex et à l'amadou trempent des allumettes spéciales dans une petite bouteille d'acide sulfurique avec amiante. L'appareil complet, dans un petit cylindre en carton, rouge, se vend trois sous chez Fumade, — une de ces petites boutiques en hémicycle à coupole ronde qui, comme à Florence, sur l'Arno, surplombent les piles en terre-plein du Pont-Neuf, — juste à côté de l'autre demi-rotonde où gazouillent ces beignets aux pommes qui embaument le passant. — Les marchandes à petites voitures crient le « beau chasselas de Fontainebleau, à douze sous le panier ». Il y en a trois livres bien pesées, et du beau en effet, dans les fougères de chaque panier sommaire, bâclé en jonc. — Les œufs, tant qu'on en veut, à « trois de six blancs, les rouges et les blancs ! » Six blancs, c'est six liards : un sou et demi. C'est à ne se priver de rien. — L'hiver, les moins huppés vont au Pont-au-Change manger sous la neige les pommes de terre à l'étouffée : un sou la livre, et le marchand vous ajoute le sel, dans un petit papier. En même temps, on se dégourdit les doigts à la buée du fourneau. Tout ça est bon. — On chante surtout trois chansons :

> Guernadier (*pour* grenadier) que tu m'affliges
> En m'appernant (*apprenant*) ton départ, etc.
> Tiens, voilà quatre chemises, etc.

Et puis :

> Tu n'auras pas ma rose, (*ter*)
> Car tu la flétrirais.

Et, sur le mode vif :

> Toi qui connais les hussards de la garde,
> N' connais-tu pas l' trombon' du régiment?

— Plein enthousiasme pour « le Marquis », un chanteur des rues, galamment troussé en marquis d'hier, catogan poudré, à tout jabot et manchettes au vent, jarret bien tendu sous le bas blanc, qui est vraiment sans pareil, unique, lorsqu'après avoir chanté son couplet et rejeté sa pochette sous le bras gauche, il décoche, avec une certitude qui ne rate jamais son coup, un décime enveloppé d'un cahier de chansons (— le « *PLUS LOURD QUE L'AIR !* » —), aux fenêtres des derniers étages où les servantes se pressent, affolées. — Mais lui voici bientôt un rival, second marquis, non moins poudré à frimas, non moins pimpant, non moins virtuose, non moins impeccablement dextre en son jet : siècle de concurrence, toutes les carrières encombrées ! — Il n'est pas à nier que « le tour » de M. Villemain a « de l'agrément », mais pour « la profondeur », c'est M. Royer-Collard ; M. de Rémusat peut encore attendre. Celui-là s'appelle « monsieur Charles », comme dans les « Rendez-vous bourgeois ».

*
* *

— Cafés et débits mettent leurs volets à minuit sonnant ; rigoureusement, quoique réglementairement, à onze heures juste du soir, il n'y a plus une seule fille errante dans les rues de Paris, même aux galeries du Palais-Royal où l'affluence est telle, surtout le jour fini, qu'on n'y peut plus circuler et que la foule piétine sur place, par le brouhaha. On juge

si les boutiques y font florès au profit du caissier de
la liste civile. — On vient encore d'arrêter là, galerie
Valois, pour tenue plus que négligée, « l'homme à la
longue barbe » qui est depuis des années une des
curiosités de Paris à ne cesser l'obstinée promenade
de ses haillons par ces galeries. On sait maintenant
que ce déguenillé et mystérieux péripatéticien est un
nommé Chodruc-Duclos, Bordelais, autrefois, dit la
légende, très riche et alors intimement lié avec M. de
Peyronnet, le ministre actuel. On chuchote qu'en éta-
lant ainsi sa détresse, cet homme entend se venger
de l'abandon de son ancien ami. — A propos de toilette, voilà du nouveau aux vitres des lingères : jusqu'ici on y voyait des chemises avec des cols, maintenant on y voit des cols sans chemises. On changeait
de chemise quand il était besoin, quitte, à la rigueur,
pour se rattraper sur la lessive du Gascon, en retour-
nant sur soi l'objet : maintenant on dissimulera
la chemise sale avec un faux-col propre. Pourquoi
pas tout à l'heure des faux-devants et des fausses
manchettes? Je n'ai pas goût à ces faussetés. — A
préférer ce qu'on vient de commencer dans quelques
rues et par les boulevards : madame de Staël ne se
reconnaîtrait plus dans sa rue du Bac. Les ruisseaux
qui s'épandaient un peu libéralement en plein milieu des chaussées et roulaient aux grandes pluies
des torrents qu'on ne pouvait plus enjamber, sont
maintenant répartis en deux moitiés de ruisseau de
chaque côté des voies. Mais ne vaudrait-il pas mieux

encore les canaliser tout de suite sous ces trottoirs qu'on commence à installer partout? — On rencontre nombre d'hommes à schapskas dans les rues. Chaque insurrection de cette brave Pologne qui ne veut pas mourir nous amène des Polonais par fournées. On en raffole à ce point que le gouvernement, malgré sa crainte du czar Nicolas, doit aider d'un subside les réfugiés ; quinze francs par mois pour les soldats ; aux officiers, trente-cinq francs. Pas de quoi vivre, de quoi ne pas mourir. Il y a rue Mignon, près les rues Hautefeuille et Serpente, une table d'hôte polonaise où les réfugiés dînent pour treize sous, pain à discrétion. De vieux officiers supérieurs, dont l'appétit est en avance faute du déjeuner, attendent l'heure de la table, assis sur le banc de pierre à la porte de l'imprimerie du *Moniteur*. — On vient d'inventer le mot : *moutard* (?). —
— Il est question de grands projets de construction dans les immenses terrains vagues — la place pour toute une ville — qui s'étendent du haut de la rue de Clichy à une petite localité qui a nom Courcelles, véritables steppes abandonnés à la ronce et à l'ortie, où on va se débarrasser des démolitions, immondices et chiens et chats crevés. — Il serait en effet peut-être temps de voir un peu de ce côté-là. Vers l'endroit qu'on appelle « la petite Pologne* », dans la

---

* Aujourd'hui rues d'Amsterdam, de Berlin, de Rome, etc., quartier Malesherbes, église Saint-Augustin, etc.

plaine Monceaux devenue une vraie plaine d'Ar-
belles, une bataille rangée a encore eu lieu hier, à
coups de fronde et de tout, entre les élèves des
frères et ceux de la Mutuelle, des deux côtés décidément enragés; plusieurs enfants ont été sérieusement blessés. — A remarquer d'ailleurs la brutalité croissante dans les rixes des rues, coups de
poing, coups de pied : en arriverons-nous donc aux
coups de couteau de l'Italien ?

— Il y a présentement trois Dupin à la fois, les frères
Dupin. — Contrairement, on va admirer la belle
Mme Véro-Dodat dans sa boutique de charcutière,
près du passage, au coin de la rue Montesquieu, et
la blonde Mme Véry à son comptoir du Palais-Royal;
mais rue Vivienne, M. Gibus, le chapelier, à la fin
énervé, vient de prendre le parti de mettre des ri-
deaux verts à ses carreaux pour empêcher la foule
d'encombrer le trottoir devant la belle Mme Gibus.
Il a pourtant permis de lithographier le portrait de
sa femme pour la publication *Les belles femmes de
Paris*, que vient de commencer un jeune homme
nommé Arsène Houssaye. — De ces nouvelles, notre
collège Bourbon est au courant, comme on pense ;
mais il se trouve pour le quart d'heure agité d'un
bien autre événement. Le proviseur a eu vent de
notre journal *La Presse des Écoles*, un vrai journal,
imprimé, rédigé par les élèves et fondé par un grand,
Ferdinand Dugué, entraîné dès son aube dans le *tutti*
romantique. *La Presse des Écoles* va expirer à son

troisième numéro. C'est dommage : il y avait justement dans ce troisième numéro, après un article de fond souverainement dédaigneux de l'Université et des pions maudits, un autre article joliment senti qui avait recueilli tous nos suffrages : l'histoire de l'auteur lui-même (il est en troisième), s'efforçant vainement de ramener à bien une de ces créatures cubiculaires qui en veulent à notre tempérament. L'article avait pour titre, simplement : — « *Et pourtant elle était née vertueuse* »... — On va regarder dans une baraque, aux Filles-du-Calvaire, un boulimique infatigable, le polyphage Tarare, qui engloutit séance tenante tout ce qu'on lui apporte, dont des charretées de pommes à cidre. Le Dr Venette est très fier d'avoir signalé ce cas dans le *Dictionnaire des Sciences médicales*.

*
* *

— ˏLes omnibus dont on parlait viennent de faire leur apparition, au vif mécontentement des fiacres, — cochers et voitures, c'est tout un pour le nom — qui arrêtent les chevaux et rossent les conducteurs. Généralement on doute de la réussite et beaucoup prédisent le fiasco. — Pourtant il vient déjà de se créer une concurrence, « les Dames blanches », qui partent du quai de la Monnaie, devant la rue Guénégaud, la rue des bombeurs de verres, chez Rodot, le marchand de vins. Ces voi-

26

tures sont entièrement peintes en blanc, et les cochers, vêtus de blanc sous le chapeau verni blanc,
jouent avec leur pied sur un soufflet l'air de la *Dame
blanche* : « La Dame blanche vous regarde... » Le
public aussi regarde et ne trouve pas cela déplaisant.

—M. de Pontécoulant écrit ses Mémoires. Il en court
une jolie histoire sur le duc de Richelieu. Quand il
se présenta pour prendre possession et recevoir le
haut personnel du ministère où le roi l'avait appelé,
le directeur des services de la comptabilité lui présenta en toute déférence une enveloppe chargée en
expliquant que c'étaient les trente mille francs
alloués à tout nouveau ministre pour ses frais de
déplacement et installation. Sur quoi le duc, rendant
l'enveloppe sans l'ouvrir : « Vous allez payer là-
dessus les trente sous au commissionnaire qui
apporte ma malle et remporterez la monnaie. » Il
faut toujours attendre la fin en toute chose ; mais le
trait est de bel exemple.

— Présentement on bâtit partout des bâtisses. La
main y est, point le cerveau. Ce règne était décidément
marqué au front pour rompre la glorieuse chaîne des
règnes : il n'aura pas mérité d'avoir, comme ses devanciers, son architecture. Piranesi s'y appelle Da-
vioud. — Il y a trois restaurants à la mode : Véry et
Véfour au Palais-Royal, plein centre de Paris, cher
aux provinces, et « le Veau qui tette », à la place du
Châtelet, sans parler de Bonvalet pour les repas de

noces, là-bas, plus loin que le boulevard du Temple,
près de ce nouveau café turc où on est assis sur des
divans. On va admirer cette innovation. — Les cafés
principaux, Tortoni, Lemblin, Procope, viennent
d'en tenter une autre. Ils ont écrit sur leurs vitrages :
Riz au lait, Riz au gras, appel à la débauche opulente.
C'est un succès. Au sortir des théâtres qui finissent
tôt, les dissipateurs se dépêchent d'accourir avant
la fermeture des volets, — minuit sonnant ou l'a-
mende ! — pour prendre leur tasse, et on pense s'ils
sont regardés. — Il y a aussi depuis quelque temps
une nouvelle façon dans les restaurants, c'est de demander « l'addition », au lieu de la note. Cela fait
immanquablement retourner tout le monde.

— Dans les théâtres, c'est M. Scribe qui tient la corde
— « la corde avec laquelle Gérard de Nerval s'est
pendu », écrira ensuite Méry au bon Audebrand. —
La mode est encore que les pièces ainsi que les livres
portent un double titre : *Victorine* ou *La Nuit porte.
conseil, Trente ans* ou *La vie d'un joueur, Paméla* ou
La vertu récompensée. Il y a des pièces qui vont jusqu'à soixante représentations. On ne se lasse pas
des fringants colonels qui trouvent couramment à
épouser des jeunes et jolies veuves avec « dix mille
livres de rentes ». — Mais, M. Guizot, protestant et
austère, s'est proposé de hausser les prix, formulant
en un axiome de deux mots le nouveau *Credo :*
Enrichissez-vous ! » Dans un tout autre Évangile,
la femme du chancelier de l'Hospital avait dit :

« Nous n'emportons que ce que nous avons donné. »

— Les Italiens sont à l'Odéon, où les gants *serin* glacés craquent à applaudir la Pasta, Malibran, la Grisi. Toute cantatrice s'appelle « la Diva », et en musique, après Rossini, il n'y a plus rien ; sur ce point-là, par exemple, tout le monde est bien d'accord, un seul excepté, mais ce n'est qu'un blanc-bec qui veut, sans doute, qu'on s'occupe de lui, un nom comme Berlioz. — C'est à l'Opéra, rue Lepelletier, que la Taglioni tourbillonne, pendant qu'à Naples Nourrit se jette par la fenêtre, au triomphe de son successeur Duprez. — Il y a, au coin de la rue Grange-Batelière, un marchand de vins associé avec le petit père David, le chef de claque, qui vous donne pour trente-six sous, les jours où on est riche, une entrée de « solitaire » à l'amphithéâtre. Il faut s'y prendre à l'avance, au moins l'avant-veille, quand « c'est Duprez ». — Autre rayonnement, fascination à la Porte-Saint-Martin : l'incomparable, immense Frédérick, le génie dans un pot de vin bleu. — Aux Funambules du boulevard du Temple, à côté du petit Lazari, la face enfarinée de Débureau le père, francise la pantomime de Pulcinella et Dom Nicolo. Les Variétés ont Vernet, Odry, les deux Lepeintre avec Mlle Ozy ; mais le Gymnase a Bouffé, un larmoyeur que dégottera Jules Favre. — On vient d'enterrer Mlle Mars. Calineau, le très authentique Calineau en chair et en os, à qui Fontallard et les camarades proposent de suivre le convoi, a répondu dignement : « Je ne vais qu'à l'enterrement des gens qui viennent au mien. » — M. Guizot va, dit-on, remplacer M. Thiers au ministère. — Le débit de la Civette, qu'avait octroyé la duchesse de Berry, ne peut plus suffire aux demandes de tabac à fumer, qui est décidément en train de remplacer celui à priser.

— Il est vaguement parlé de la prochaine création, par un certain Emile de Girardin, d'un journal à 40 francs par an au lieu de 80. La chose trouve pas mal d'incrédules et semble en effet peu commode aux calculateurs sérieux et personnes compétentes ; mais il y a des gens qui ne peuvent jamais s'arrêter et en voilà d'autres qui, maintenant, parlent de vendre les journaux au numéro, comme s'il y avait déjà trop d'abonnés ! Et puis, alors, il y aura donc des boutiques tout exprès pour ce commerce-là ? Bon ! mais les acheteurs, où les prendrez-vous ?... Il faut bien raisonner un peu, pourtant ! — A propos de journaux, on dit que la *Caricature* va cesser de paraître. Charles Philipon, ce grand Lyonnais qui n'a pas froid aux yeux, l'inventeur de la *Poire*, a obtenu en cette seule année cinquante-deux condamnations à prison et amende pour ses deux journaux *la Caricature* et *le Charivari*. — M. Thiers est décidément intarissable et on ne le prendra jamais sans vair. Ce diable de petit homme sait tout, connaît tout, comme le *Solitaire* de M. d'Arlincourt. Il vient encore de proclamer que la télégraphie élec-

trique, avec laquelle on parle de remplacer les télé-
graphes optiques de Chappe, « ne pourra jamais
être qu'un *amusement* intéressant pour les personnes *curieuses de physique* ». — Horace Raisson, de
la *Gazette des Tribunaux*, publie le même jour l'*Art
de mettre sa cravate* et l'*Art de dîner en ville*. Ce
tour de force en coup double d'une aussi puissante
fécondité ne pouvait manquer de faire sensation.
— Tous les ateliers de peintres sont « *c'en* » dessus
dessous, comme Balzac vient de le décréter d'après
le Celte, et on tartine des kilomètres de toile pour
le musée de Versailles, qui sera la grande pensée
du règne. Le roi ne voit que par les yeux du père
Pingret, l'enfant gâté qui fait ici la pluie et le beau
temps, avec M. Horace Vernet. Il y a encore à l'entour
le Père Hess, le Père Heim, le Père Couder, le Père
Picot, le Père Ingres — des Pères encore, à cette
heure ! — et les frères Scheffer blairottent fraternel-
lement et glaireusement la même peinture pour « les
femmes esthétiques qui se vengent de leur leucorrhée
en faisant de la musique religieuse * », pendant que
le jury se pâme à Delaroche. — Rien n'y chaut : la
grande roue tourne et avance toujours, là comme
ailleurs. L'essor est dans son plein : pléiades d'é-
toiles partout. Tout le monde n'a pas de talent,
comme il en sera tout à l'heure, mais tout le monde
se croirait déshonoré de ne pas viser, pour le moins,

* Ch. Baudelaire. *Curiosités artistiques*

au génie. Géricault vient de passer sa palette à Delacroix que le jury a beau balayer de la porte à chaque salon : Beyle, Hugo, de Vigny, Balzac, Gautier, sans compter Musset et les autres, nous pondent par jour un chef-d'œuvre qu'on va s'arracher au cabinet de la bonne maman Cardinal, rue des Canettes, à peine déposé par les distributeurs haletants, humide encore comme tout nouveau-né, sentant bon la chair fraîche d'imprimerie : une belle nuit pour notre petit coin !

— Monsieur Comte, « physicien ordinaire — (?...) du Roi » et directeur du *Théâtre des jeunes élèves*, au passage Choiseul, vient de mourir. — Le nombre de gens que l'on rencontre avec la croix de la Légion d'honneur semble augmenter tous les jours. Ce gage de préexcellence, qui ne pouvait se décerner qu'extraordinairement en quelques cas particuliers et exceptionnels, se débite maintenant par séries et à époques climatériques, comme les inondations à la saison des pluies. C'est ce qu'on appelle des « fournées ». A la dernière « fournée », Lireux a dit: « Ils en décorent par-ci par-là quelques-uns qui le méritent parce que c'est par le croisement des espèces que la beauté de la race se perpétue. » — Il y avait quatre bals publics, la Chaumière, le Prado, la Boule-Noire et le Sauvage à la Courtille, sans parler de quelques « musettes » au quartier Saint-Marcel ni du Ranelagh de Passy, au compte Province, et ces bals étaient autorisés seulement les dimanches ; il

fut ensuite permis qu'ils s'ouvrissent les lundis. Il
paraît que la permission va être étendue aux jeudis
et que d'autres bals autrement luxueux vont s'ouvrir
aux Champs-Elysées. Ça va bien, ça va bien ! — Le
renom de sagacité de M. Thiers s'accroît encore ; on
ne peut entrevoir jusqu'où ça ira. L'éminent homme
d'Etat, qui semble avoir la prescience avec l'omni-
science, vient encore de prononcer un très remarqué
discours, « un discours-ministre », a dit finement le
Constitutionnel, où il a irréfutablement démontré
l'impossibilité d'un gouvernement républicain qui
tomberait au bout de quelques heures dans « l'imbé-
cillité ou dans le sang ». Il n'est pas étonnant qu'un
tel homme reprenne toujours la corde ; aussi an-
nonce-t-on que le nouveau cabinet Thiers succède
au cabinet Guizot. — Le trop célèbre banquier et
banqueroutier munitionnaire Ouvrard vient d'être
relaxé de la prison de Clichy ; il va retrouver ses
millions mis à l'abri et jouir en paix d'une fortune
libérée et purifiée désormais par les trois ans réglementaires d'une détention où le détenu n'a manqué
de rien pour se distraire, pas même de jours de
sortie. — A propos de cette contrainte par corps, la
Chambre vient encore de repousser à une très forte
majorité une dernière pétition relative à la suppres-
sion. Le pétitionnaire s'appuyait en fait sur ce qu'on
ne trouvait pas deux négociants réels, deux prêteurs
sérieux parmi les centaines d'incarcérateurs, mais
uniquement des acheteurs de créances véreux. Mais

le rapporteur a fait bonne et prompte justice de « ce puritanisme de commande ». Il a été vivement félicité en descendant de la tribune et la Chambre a passé immédiatement à l'ordre du jour. — Encore un nouveau mot, « *la réclame* » ; — fera-t-il fortune ? — Le journal légitimiste *La Mode* vient encore de passer en jugement, c'est-à-dire d'être condamné ; l'argot synthétique n'a, paraît-il, qu'un mot pour les deux choses, mot significatif : être *gerbé*. Il y a eu petit incident et gros scandale. A la question adressée au gérant par le président, selon le formulaire : « Coëtlogon, avez-vous déjà subi quelque peine afflictive ou infamante ? » M. de Coëtlogon a répondu : « Non, président. Et vous ? » La riposte ne pouvait manquer son effet et M. de Coëtlogon a décroché le maximum du « *gerbage* ».

— La session vient de finir et, comme d'habitude, M. le président du conseil a donné lecture du message du roi qui donne selon l'usage tout apaisement au pays.

— Cette fois aussi, comme à toutes les séances de clôture précédentes, le député Isambert n'a pas manqué son succès d'hilarité générale (c'est un cas mental décidément), en demandant notre évacuation immédiate de l'Algérie, toujours sous le même prétexte que cette colonie, plus fertile que l'ancienne Égypte et à notre porte, nous coûte régulièrement quelque cent ou deux cents millions par an, depuis des an-

nées que nous l'occupons. Comme si la France
n'était pas assez riche pour « payer sa gloire »
et 'n'avoir pas à marchander sur une question
où « notre honneur est engagé » ! Et comment ce
M. Isambert s'aveugle-t-il contre le sentiment général jusqu'à ne pas tenir compte du bienfait de la
civilisation que font pénétrer nos bureaux arabes
dans ces populations barbares ! Encore l'Algérie
n'est-elle pas, comme on l'a dit très heureusement,
— toujours M. Thiers, je crois, — la première, la
vraie « pépinière » de nos généraux pour notre
première guerre sérieuse ? Que M. Isambert prenne
la peine d'attendre : il les verra à l'œuvre !...

— Le carnaval a été très brillant cette année :
tout Paris était déguisé. C'est à qui tiendra le plus
longtemps haleine à clamer du plus haut sa tirade
en vers des halles, style Vadé. Des crieurs circulent par la foule, vendant : « L'art de s'engueuler en société sans se fâcher ». Affluence inimaginable sur les
boulevards, partout, et joie universelle débordante,
bienveillante remarquablement ; mais bien des gosiers
enroués ont dû être aphones avant le soir. Les voitures de masques entassés foisonnaient, au pas,
avec arrêts forcés à chaque pas. Lord Seymour, très
populaire décidément sous le nom de « Milord l'Ar-
souille », conduisait lui-même en postillon, comme
les autres fois, sa calèche à six chevaux, mais cette
année, au lieu des dragées ordinaires, c'étaient dans

la voiture de grands sacs pleins des nouvelles pièces
de quatre sous toutes neuves que les laquais en
grande livrée lançaient à pleines volées par la foule.
On a parfaitement reconnu dans l'un des domes-
tiques, malgré son faux nez, le baron Hope, le célèbre financier; il s'amusait beaucoup aux bouscu-
lades des gamins sous les roues. — Il y a changement
de ministère; c'est au tour de M. Guizot de remplacer M. Thiers...

Etc., etc., etc.

— La conclusion?

— Tirez-la vous-même...

Pour mon humble part, de ce tohu-bohu d'hommes
et de choses, effervescences, bouillonnements, scories
où la déraison déconcertante, l'absurde surnagent,
je m'en tiendrai à un point qui surtout me frappe :
— en rien ni pour rien, il n'y a plus de Respect.
Le Respect est mort et bien mort, avec l'Honneur
qui l'engendra. D'en haut, mieux encore que d'en bas,
chacun a fait consciencieusement, sinon consciém-
ment, tout son possible pour achever de le crosser
dans la boue, et il est remarquable que ceux qui ont
le plus fait pour le tuer, nos respectés d'hier, sont

ceux-là qui geignent le plus lamentablement à s'en réclamer aujourd'hui.

Et pourtant, malgré tout, on se montre encore du doigt un coquin rencontré : je crains fort que demain il soit peut-être plus malaisé de se signaler un honnête homme...

FIN

TABLE DES MATIÈRES

EN VENTE CHEZ LE MÊME ÉDITEUR

AUGUSTE VITU

PARIS. 500 dessins inédits d'après nature. 1 vol. gr. in-4° (Édition Quantin), en belle reliure spéciale . . . . **25** »

ADOLPHE BRISSON

PARIS INTIME. 150 illustrations (5e mille). 1 vol. in-18 . . . . **3 50**

ALPHONSE DAUDET

TRENTE ANS DE PARIS. Illustrations de Montégut, Myrbach, Rossi, etc. (47e mille). 1 vol. in-18 . . . . **3 50**

ÉDOUARD DRUMONT

MON VIEUX PARIS (Couronné par l'Académie française). Illustrations de G. Coindre. 2 vol. in-18 . . . . Le volume. **3 50**
(Chaque volume se vend séparément)

VICTOR HUGO

NOTRE-DAME DE PARIS. Illustr. 2 vol. . . . . **7** »

G. RENAULT ET H. CHATEAU

MONTMARTRE. Illustrations de Willette, Balluriau, Cohl, Léandre, Steinlen. 1 vol. in-18 . . . . **3 50**

E. COURET

HISTOIRE DE LA PRISON DE SAINTE-PÉLAGIE. 1 vol. in-18. **3 50**

ROGER-MILÈS

LES HEURES D'UNE PARISIENNE. 1 vol. in-18 . . . . **3 50**
LA CITÉ DE MISÈRE (L'Hôpital Saint-Louis), préface de Sully-Prudhomme, illustrations. 1 vol. in-18 . . . . **5** »

JULES CHANCEL

LES PLAISIRS GRATUITS A PARIS. Illustrations de Gros. 1 vol. in-18 . . . . **3 50**

E. LEMERCIER

AUTOUR DU MOULIN. Chansons de la Butte, avec musique. 1 vol. in-18. **3 50**

F. BLOCH

TYPES DU BOULEVARD. 1 vol. in-16, couverture de J. Béraud . . . **2** »

P. BUJON

SIMPLES LECTURES SUR L'HISTOIRE DE PARIS. 41 gravures. 1 vol. in-18, cart. **1 50**

PARIS-GUIDE, par les principaux écrivains. 2 vol. de 1100 pages chacun, illustrés de 110 gravures hors texte et de 6 plans de Paris et des environs. Prix des 2 volumes, au lieu de 20 fr. . . . . net. **12** »
Exemplaires cartonnés . . . . **15** »
— sur papier de couleur, tirage d'amateur . . . . **15** »

1221. — Paris. Imprimerie Hemmerlé.